JOGOS DE PODER NA ESCOLA DA VIDA

Lucila Rupp de Magalhães

JOGOS DE PODER NA ESCOLA DA VIDA

Desafios da Educação Contemporânea

JOGOS DE PODER NA ESCOLA DA VIDA
copyright © 2020 Lucila Rupp de Magalhães

EDIÇÃO
Enéas Guerra
Valéria Pergentino

PROJETO GRÁFICO E DESIGN
Valéria Pergentino
Elaine Quirelli

CAPA
Enéas Guerra

REVISÃO DE TEXTO
Maria José Navarro

Dados Internacionais de Catalogação na Publicação (CIP) de acordo com ISBD

M188j   Magalhães, Lucila Rupp

Jogos de poder na Escola da Vida / Lucila Rupp Magalhães ; ilustrado por Elaine Quirelli. - Lauro de Freitas, BA : Solisluna, 2019.

136 p. : il. ; 15cm x 21cm.

Inclui índice.

ISBN: 978-85-5330-015-0

1. Educação. 2. Escola. 3. Escola da Vida. 4. Poder na Escola. I. Quirelli, Elaine. II. Título.

CDD 370
CDU 37

2019-2083

Elaborado por Vagner Rodolfo da Silva - CRB-8/9410

Índices para catálogo sistemático:
1. Educação 370
2. Educação 37

Todos os direitos desta edição reservados à Solisluna Design Editora Ltda.
55 71 3379.6691   www.solisluna.com.br   editora@solislunadesign.com.br

Para Maurício, Guto, Nani, Adriana, César, Rafaela, Letícia e Olívia, enfim a todos os meus Mestres e Discípulos, que sempre têm se alternado nestes papéis e fazem de mim personagem atuante neste enredo, que juntos construímos.

SUMÁRIO

- 9 **APRESENTAÇÃO 1**
- 11 **APRESENTAÇÃO 2**
- 13 **INTRODUÇÃO**
- 17 **CINCO EXEMPLOS EM BUSCA DE UM RUMO**
- 17 Clonar ou não clonar
- 18 Falar ou calar
- 20 Continuar ou desistir
- 21 Colaborar ou competir
- 22 Enfrentar ou acomodar-se
- 23 **Entrando em cena**
- 25 **QUE MUNDO É ESSE?**
- 25 **Alinhavando**
- 28 **Costurando**
- 28 **Alfinetes**
- 28 Nossos ilustres algozes
- 30 Nossos anônimos algozes
- 31 **Reunindo alfinetes**
- 31 Pontos de interseção entre ilustres e anônimos algozes
- 33 **Colocando em prova**
- 36 **Elos**

39	**APRENDER A APRENDER**
39	**Uma questão de sobrevivência**
45	**Avesso do avesso**
60	**Maniqueísmo na aprendizagem**
64	**As oito lições do esporte que podem facilitar a aprendizagem**
65	**Exercícios**
65	**Orientações**
69	**APRENDER A FAZER**
69	**O ovo ou a galinha?**
69	**Quem se habilita a responder?**
71	**Alguns enfoques sobre a teoria de Jean Piaget**
73	**Trocando em miúdos**
84	**Aprender a fazer e o prazer**
89	**Aprender a fazer e o perfeccionismo**
94	**Aprender a fazer e o trabalho**
100	**Aprender a fazer e o lazer**
107	**Aprender a fazer e o lúdico**
115	**Aprender a fazer e o "pré-conceito"**
118	**Aprender a fazer e a discriminação**
125	**APRENDER A CONVIVER**
125	**Roteiros pessoais, culturas, colisões e sintonias**
133	**APRENDER A SER**
	CAPÍTULO EM ABERTO

APRESENTAÇÃO 1

Já se passaram 15 anos desde que minha mãe se foi. Seu legado é inconteste. Até hoje encontro contemporâneos seus que me dizem, com lágrimas nos olhos e profundo reconhecimento, o quanto minha mãe marcou suas vidas com seus ensinamentos, ações e afetos.

Ao se retirar de cena, ela deixou um livro inacabado, quase pronto, mas faltando um capítulo final, a conclusão do penúltimo capítulo e arremates finais. Desde então, incompleto, tal como é a vida, desejei publicar esta obra como uma homenagem póstuma e como forma de partilhar com todos que a amavam e admiravam sua voz e seu jeito simples e sábio de ver e compreender a vida.

Não foi uma tarefa de fácil resolução. As feridas da sua partida súbita se abriam e me rasgavam a cada vez que retomava este projeto e, humana como sou, fraquejava e guardava o livro para um momento futuro.

Há alguns anos me senti pronta para retomar as providências para publicar este projeto inacabado de minha mãe. Faltava-me encontrar o parceiro ideal para concluir esta missão. A vida, com suas agradáveis surpresas, colocou Valéria e a Solisluna em meu caminho. Quanta alegria!

Desde que minha mãe escreveu este livro, muita água passou por debaixo desta ponte. Netos nasceram, cresceram, se formaram. Filhos se aposentaram. Pessoas novas chegaram à família e ao nosso convívio. Outras se foram. Doenças surgiram e foram curadas. Outras, aprendemos a conviver. A vida seguiu seu curso, como tem de ser, com seu ritmo incerto e imprevisível. Entretanto, ao ler seu livro, vejo que apesar do tempo, o seu conteúdo continua atual e contemporâneo. Ao tratar com tanta sensibilidade sobre os Jogos de Poder na Escola da Vida, minha mãe nos traz, com toda a sua sabedoria acumulada nos anos que lhe foi concedido viver, que aprender é um constante fazer, desfazer e refazer que requer nossa atenção e reflexão, pois "somos todos participantes desta Escola e a todos é concedido poder".

Espero que vocês apreciem a leitura, aprendam com suas reflexões e que, tal como eu, a ouçam soprar em seus ouvidos, com sua voz meiga, seu sorriso terno e voz doce, muitas das histórias, casos e falas que ela nos brindava em vida, nos ajudando nesta incessante tarefa de aprender a aprender, aprender a fazer, aprender a conviver e aprender a ser.

A você, mãe, todo meu amor. Aos seus leitores, minhas desculpas pela demora.

Adriana Rupp de Magalhães

APRESENTAÇÃO 2

Caro leitor,

Conta-se sobre a mãe que, ao levar o filho recém-nascido para que o sábio lhe ensinasse como fazer para educar aquela criança, recebeu a seguinte resposta:
– Vieste já muito tarde, mulher!

Tomando como base a iniciativa daquela mãe e a resposta do sábio, podemos deduzir que, ao nascer e mesmo antes disto, cada um de nós já tinha garantida a sua matrícula na Escola da Vida.

A educação de um indivíduo ocorre mediante condutas de aprendizagem. E a vida comporta múltiplas aprendizagens. Aprendizagem é modificação de comportamento. O processo é dinâmico, constante e acompanha a trajetória humana. Nem sempre nos damos conta de quando, onde e porque aprendemos determinados comportamentos, e estes são sempre passíveis de novas aprendizagens, ou seja, de modificações. Entretanto, aprendizagens anteriores por vezes representam resistências às novas aprendizagens que nos são oferecidas.

O veredicto do sábio nega uma das mais importantes capacidades peculiares do ser humano, que é a atualização, isto é, retomar dados existentes, refletir sobre eles e modificá-los à luz de novos elementos. Nega também o exercício da reversibilidade, que é o fazer, desfazer e refazer no que se refere ao comportamento humano. Nega, enfim, a esperança na educação. Por outro lado, existem fundamentos em sua afirmação. É claro que toda bagagem hereditária, alimentação, condições ambientais, contexto cultural, social, familiar e emocional influenciarão e se manifestarão nas características peculiares de cada vida a ser guiada, desde a sua concepção até o momento de seu nascimento. Entretanto, não somente essas preliminares definirão o ser humano, que conta com a possibilidade de se fazer e refazer a cada dia de sua existência.

Para que essa possibilidade se concretize, um verdadeiro jogo, com muitas peças, regras, imprevistos, sutilezas e filigranas, se apresenta e renova incessantemente a história da humanidade.

O rumo a ser traçado, as estratégias a serem utilizadas são imprevisíveis, carecem de ser aprendidas e revisadas a cada novo momento. Entretanto, garanto de antemão: somos todos participantes dessa Escola e a todos é concedido poder.

Tenho outras coisas para lhe contar e levá-lo a refletir neste livro.

É prosseguir ou desistir. Decisão que já revela um exercício de poder, pois até quando não decidimos, estamos decidindo.

Os desafios são nossos. Vamos enfrentá-los.

Seremos parceiros nessa empreitada.

Bom proveito.

INTRODUÇÃO

E eu com isso?

Muito se tem falado e escrito sobre o papel da educação na transformação da caótica realidade mundial que vivenciamos.

Conflitos, corrupção, desigualdades sociais e econômicas, racismo, xenofobia, terrorismo, drogas, abusos sexuais, violência urbana são alguns dos ingredientes que incrementam o poder explosivo e destruidor do mundo contemporâneo.

Diante da iminência do caos, a educação é apontada, por muitos, como bálsamo preventivo ou antídoto contra tantas mazelas que nos atordoam e assustam.

Como participante desse grupo que acredita no poder da educação como uma via indicada na procura de um mundo mais humano e por ser mãe, professora e mulher, desejo ativar sinais de alerta para alguns equívocos que se apresentam como sinônimos plenos e inquestionáveis de educação.

Esses equívocos merecem especial atenção de todos que educam e são educados, isto é, de todos nós que vivemos neste mundo. Afinal, de uma forma ou de outra, cada ser vivente é sujeito e autor de educação em sua existência.

Por desconhecermos ou não refletirmos sobre esses equívocos, podemos nos transformar em instrumentos úteis na perpetuação da atual sociedade, embora se pretenda que ela seja estruturada com base em princípios que respeitem a dignidade humana.

Assim, você e eu podemos estar, por vezes, indignados com determinados acontecimentos e comportamentos que invadem nosso cotidiano. Contudo, sem nos darmos conta, por meio de nossas prosaicas ações, vimos há anos e anos contribuindo para que tudo isso nos aconteça.

Mea-culpa? Não! Apenas questões que merecem ser repensadas.

Os argumentos, hipóteses, constatações, provocações e questionamentos que integram a estrutura deste livro não surgiram do nada. Eles contam com um apoio. São os Princípios:

1. toda ação individual ou social perpassa antes de tudo por pessoas, isto é, por cada um de nós;
2. tudo tem a ver com tudo;
3. educação é vida.[1]

São objetivos desta obra:
1. ousar lidar com a realidade;
2. mexer e remexer com padrões, códigos de crenças e valores;
3. buscar o avesso e o avesso do avesso;
4. instigar buscas e oferecer dicas para descobertas sobre jeitos pessoais de educar, aprender e ensinar;
5. incentivar a reflexão sobre o que é feito e o que se faz, sob a égide da educação e suas possíveis consequências;
6. estimular o pensar, o fazer, o ser e o conviver construtivo.

---

[1] Os dois primeiros princípios são de minha autoria. O terceiro é de John Dewey.
DEWEY, John. *Vida e educação*. Tradução e estudo preliminar por Anísio S. Teixeira. 10. ed. São Paulo: Melhoramentos; Rio de Janeiro: Fundação Nacional de Material Escolar, 1978.

A quem se pretende alcançar:

contemporâneos na escola da vida;
todos que educam e são educados;
todos que ensinam e aprendem;
discípulos;
mestres;
filhos;
pais.

Onde:

no lar;
na escola;
na comunidade;
no trabalho;
no lazer;
no templo;
na terra;
no mar;
no ar.

CINCO EXEMPLOS EM BUSCA DE UM RUMO

E agora o que é que eu faço? A esta pergunta segue-se um infindável número de histórias e depoimentos que me são relatados por educadores, pais e pessoas preocupadas em contribuir positivamente na educação daqueles pelos quais se sentem, de alguma forma, responsáveis.

Para configurar a perplexidade que os deixa atônitos e inseguros quanto às atitudes que devem ser tomadas, seguem-se alguns exemplos:

Clonar ou não clonar

Lucas me contou que Jonas, seu filho, um bom adolescente, respeitador, estudioso, alegre e bem enturmado lhe contara, radiante, o grande feito que acabara de realizar: havia conseguido clonar um telefone celular por meio da Internet.

– Venha pai, vou lhe mostrar como é que se faz.

A sensação de competência que invadia Lucas diante da façanha concretizada era tal, que ele desejava compartilhá-la, e, para isto, escolhia, naquele momento, seu pai, com quem mantinha excelente relação de companheirismo.

A eficiência para desvendar os intrincados meandros da máquina e da rede demonstrada por Jonas e a agilidade para realizar a sequência de operações necessárias a cada instante surpreendiam seu pai.

Sem dúvida, o garoto sabia o que estava fazendo, pensava Lucas. Comparava-se com Jonas e reconhecia que, embora até contasse com algum conhecimento sobre informática e Internet, jamais conseguiria fazer o mesmo com tamanha destreza. Feitas as demonstrações, seguiram-se os testes. Funcionava mesmo.

Para Lucas estava ali uma comprovação da inteligência de seu filho, de sua capacidade de investigação e do gosto pela descoberta. Qualidades que ele, como pai, sempre desejara e estimulara, para que seu filho acompanhasse as exigências do mundo contemporâneo de atualização de conhecimentos e assim tivesse maiores possibilidades de sucesso pessoal e profissional.

Os comentários entusiasmados de Jonas acompanharam sua narração sobre as etapas percorridas na comprovação do mistério desvendado: como clonar um celular. Outros colegas da turma também sabiam fazê-lo e outras infindáveis possibilidades existiam, todas prontas para serem desvendadas. No auge de sua vibração pelo seu feito, Jonas exclamou:

– Pai, você não pode imaginar. Sendo fera no computador e na Internet não existem limites – nada e nem ninguém é de ninguém!

Lucas então se sentiu assustado. Como pai, ser inteligente, estudioso, investigador, ágil, enturmado e capaz de aprender seriam os únicos legados que desejaria oferecer, para que seu filho enfrentasse e fosse um vitorioso na vida?

Falar ou calar

Todas as manhãs, Madalena chega com as recentes notícias de sua família e da vizinhança. Isto acontece há quase quinze anos.

Os atentos ouvintes, sentados à mesa do café, a consideram uma pessoa amiga da casa, embora as relações de trabalho tenham sido as que geraram este afável entrosamento.

A princípio as histórias eram divertidas e inconsequentes: artes dos meninos, paqueras, fofocas, teimosias, brigas de casais. Morando em um bairro de periferia, em Salvador, as mudanças nos enredos das historinhas matutinas, nesses quinze anos, correspondem às modificações conjunturais ocorridas nesse intervalo de tempo. Impressionante crescimento da população pobre, desemprego, drogas, aumento da criminalidade, novidades tecnológicas, liberação sexual, concentração de renda, fracasso em determinadas empreitadas educacionais são algumas delas.

Ultimamente as narrativas são escabrosas. A sua rua, que era sossegada, onde todos se conheciam e acompanhavam os nascimentos e o crescimento da garotada, é agora um antro de marginais. A droga impera. Todos sabem quem é quem. Ninguém diz nada. É a lei do bico calado. Sem falar, possivelmente já se está ameaçado de morte. Se falar, a certeza é plena.

Os filhos de Madalena trabalham quando surge algum emprego esporádico ou biscate e são companheiros de infância dos piores elementos procurados pela polícia. E é claro, são amigos de muitos deles. Quando não estão trabalhando fora, a convivência entre eles é inevitável.

Madalena sente, sempre, que está prestes a desencadear uma catástrofe. O genro já foi preso por porte de droga. Os seus netos estão sendo criados nesse ambiente. A promiscuidade sexual fez com que a aids se espalhasse pelas redondezas. Alguns já morreram, outros tantos estão contaminados. As "meninas" assediam sexualmente os seus "meninos" sem a menor cerimônia. Eles, por sua vez, não são anjos e não respeitam, sequer, a sua presença. Ela cursou até a terceira série do ensino fundamental. Desejava que seus filhos dessem certo. Fossem cidadãos. Ela é sagaz e não se escandaliza com as mudanças do mundo. Escandaliza-se com as aberrações, o crime, a violência, a insegurança, as ameaças diárias e o desrespeito na convivência. Consciente de sua impotência diante de situação tão vexatória, ela se vê sem saída.

Continuar ou desistir

Foi um verdadeiro desabafo. Aconteceu durante a avaliação do Curso *A Arte de Ensinar* e o *Prazer de Aprender*, ministrado a professores e coordenadores de cursos de uma universidade particular.

Rodrigo, coordenador de curso na área das Ciências Exatas, declarou reconhecer a validade dos conteúdos e as experiências que havíamos desenvolvido fundamentadas no humanismo e no construtivismo, mas questionava a sua aplicabilidade, levando em conta as características dos alunos daquela instituição. Alunos oriundos de extratos socioeconômicos médio, médio-alto e alto. Para reforçar seu ponto de vista, valeu-se de fatos ocorridos em seu cotidiano como coordenador.

Lembrou o caso de um professor reconhecidamente competente (inclusive pelos alunos), que, ao estabelecer critérios rígidos para o processo de avaliação, mas coerentes com a sua dedicação e desempenho em sala de aula, gerou uma verdadeira revolução na turma. A aceitação, que era plena, transformou-se em belicosa rejeição.

Por tratar-se de uma organização que sobrevive do pagamento das mensalidades dos clientes (que são os alunos), e partindo-se da premissa de que o cliente sempre tem razão, instalou-se o impasse.

Feito um abaixo assinado, procedimento muito em moda quando os alunos querem "colocar um professor para fora", os representantes da turma dirigiram-se a ele, Rodrigo, por ser o coordenador.

As discussões e negociações foram penosas. A coordenação, com o respaldo da instituição, deu apoio ao professor que levou o grupo até o fim do ano. Mas tal foi o desgaste pessoal que, após a entrega da avaliação final, aquele mestre, que contribuíra para a construção de conhecimentos de muitos estudantes, solicitou sua exoneração.

Colaborar ou competir

O coordenador, de imediato, emendou à sua narração outro episódio.

Ao perceber diferentes níveis de conhecimento relacionados a um mesmo conteúdo que deveria ser abordado em uma turma, outro professor procurou utilizar técnicas de aprendizagem colaborativa.

Por meio dessa prática, tentava socializar os conhecimentos, fazendo com que os mais avançados trabalhassem com outros colegas, cujos conhecimentos eram mais precários ou defasados. Desta maneira, seriam facilitadas as aprendizagens necessárias, para que a turma tomasse um perfil mais homogêneo em relação aos conhecimentos prévios, exigidos como requisitos para o desenvolvimento do programa a ser vencido.

Novamente foi procurado o coordenador. Alguns alunos. Não todos; os mais "adiantados" e requisitados para colaborar no nivelamento da turma não se conformavam com tal prática. O que disseram?

Que estavam pagando para aprender, não para ensinar. Quem não sabia ainda o necessário para acompanhar a matéria, que procurasse e pagasse a alguém para suprir suas deficiências de conhecimentos. Não queriam ficar marcando passo, estavam ali para acrescentar conhecimentos ao repertório pessoal que já dispunham, e não para compartilhá-los com os colegas. Além do mais, diante da competição que certamente enfrentariam no mercado de trabalho, esses mesmos colegas seriam possíveis concorrentes na disputa por um lugar ao sol; por que se fazer de bonzinho e magnânimo com quem sabia menos?

Enfrentar ou acomodar-se

O coordenador, já exaltado, prosseguiu dizendo:
– Quer mais uma situação desalentadora?
Antes que eu me pronunciasse, acrescentou:
– Eu vou contar. A supervisora encarregada de transmitir algumas informações em sala de aula me procurou estarrecida com as grosserias a que se vira submetida. Fora recebida com chacotas, assobios e irreverências manifestadas por alguns alunos. A duras penas conseguiu começar a falar, na tentativa de se fazer ouvir, quando um desses alunos exclamou em alto e bom som:
– Eu não aguento mais ouvir a voz dessa mulher!
Soube-se depois que esse aluno costumava fazer uso de drogas. E mais, ele não era o único dependente químico naquela sala.
Arrematando seu desabafo, declarou o coordenador:
– O que mais nos desanima em todo este quadro é que

não estamos lidando com um grupo desfavorecido social e economicamente. São pessoas que não passam por maiores necessidades, são até, de certa forma, privilegiados, considerando-se a realidade brasileira. Olhe professora, eu nunca vi uma coisa dessas.

Entrando em cena

Como personagem inserida neste contexto, ser vivente, filha, mãe e trabalhadora que lida com educação formal há mais de 30 anos e educação da vida há muito mais tempo ainda, dou-lhes plena razão. Não faltam motivos para tamanho espanto.

É avassaladora e inquietante a verdadeira avalanche de novidades tecnológicas, sociais e comportamentais para as quais somos solicitados a assumir posturas como partícipes em processos educacionais na escola da vida.

E tão inusitadas são essas novidades que, por vezes, não dispomos, em nossos repertórios existenciais, de dados ou paradigmas correspondentes, que nos auxiliariam em nossas decisões. Aqui se aplica a exclamação aterrorizada:

"**Eu nunca vi uma coisa dessas!**"

A qual, mais uma vez, se ajustaria com a pergunta que iniciamos esta introdução.

"**E agora, o que é que eu faço?**"

E você, prezado leitor, identifica-se como personagem nesses contextos? Teria outros exemplos? Lembrou-se de outros espaços? De outros colegas da escola da vida?

Quaisquer que sejam suas respostas convido-o para entrar em cena, pois desejo percorrer um caminho para demonstrar que existem elos de ligação entre os cinco exemplos que ilustram esta introdução. E, mais ainda, a descoberta desses elos pode indicar rumos e oferecer dicas para a superação e o enfrentamento dos desafios da educação contemporânea. Podem, inclusive, nos ajudar a viver melhor.

Assim, para tentar dar forma a esse emaranhado de fatos e novidades neste mundo em que vivemos, venha comigo participar de uma costura muito especial. Prometo que será!

> *Todavia esta é a natureza humana.*
> *O seu método histórico de progresso é um arame suspenso por onde se caminha para um futuro tenuamente percebido, mas profundamente sentido.*
> **Morris West**[1]

O que é para você "contemporâneo"?

☐ atual
☐ moderno
☐ que vive na mesma época
☐ que convive concomitantemente em fases significativas da sua existência
☐ todas as alternativas acima
☐ nenhuma das alternativas acima

Resposta: Contemporâneo – "Que é do mesmo tempo, que vive na mesma época (particularmente a época em que vivemos)"[2].

---

[1] WEST, Morris. *As sandálias do pescador*. Rio de Janeiro: Civilização Brasileira, 1963. p. 117.

[2] FERREIRA, Aurélio B. de Holanda. *Dicionário Aurélio*. Rio de Janeiro: Nova Fronteira, 1997.

QUE MUNDO É ESSE?

Para exercer minha contemporaneidade, preciso integrar na minha existência desde meus avós até meus netos e outros que venham a ser meus colegas no tempo de vida que me foi concedido.

Da mesma forma devo proceder em relação a fatos e fenômenos físicos, sociais etc.

Alinhavando

Se contemporâneo é o que se faz presente enquanto eu vivo, meu avô Leônidas, que já se foi, não deixa de ser, por esse motivo, meu contemporâneo. Assim, também posso afirmar que eu e minhas netas, Rafaela e Letícia, somos contemporâneas. Digo mais, embora não saiba sua idade, prezado(a) leitor (a), se você está lendo este livro enquanto vivemos concomitantemente em algum trecho de nossas vidas, nós somos igualmente contemporâneos.

É importante ressaltar que a contemporaneidade é relativa a cada indivíduo e ao seu particular percurso de existência, isto é, pelo fato de eu ser contemporânea de meu avô, de Letícia e de Rafaela e, provavelmente sua, isto não quer dizer que nossos contemporâneos sejam os mesmos. Cada um de nós terá, em conjunto, os seus únicos e pessoais contemporâneos.

Essa ideia de contemporaneidade sobre pessoas, aplica-se a fatos, fenômenos físicos, culturais, sociais, econômicos, políticos e religiosos.

Dessa forma, a minha contemporaneidade agrega: TV Tupi, Espetáculos Tonelux, Virgínia Lane, Cassino da Urca, Getúlio Vargas, término da 2ª guerra mundial, Jovem Guarda, queda do muro de Berlim, guerra fria, clonagem, celular, Internet etc. A contemporaneidade do meu avô abarca um bom tanto disto, mas nem tudo, e abrange muitos feitos e personagens anteriores, os quais não pintaram no meu pedaço, salvo por notícias advindas de fontes variadas.

Para Rafaela, a clonagem surgiu como novidade avassaladora em um primeiro momento na sua contemporaneidade. Já na contemporaneidade de Letícia, esse fato já havia sido absorvido, e outras novidades povoam o mundo das descobertas.

Curioso é que, já não tão nova assim, a clonagem irá aparecer também no referencial contemporâneo de Rafaela, em diferentes épocas de sua vida. Complicado? Não. Seriam áreas de interseção nas contemporaneidades. Desejo, a grosso modo, propor uma visualização do que pretendo dizer. Veja como situo a contemporaneidade de minha existência em relação a outros personagens.

Assim, para exercer a minha contemporaneidade, preciso integrar na minha existência desde o Vô Leônidas até Letícia e outros que vierem a ser colegas no tempo de vida que me foi concedido. Da mesma forma devo proceder em relação a fatos e fenômenos físicos, sociais etc.

Quem são, leitor, os seus contemporâneos?

Isso posto, concordando com Dewey que "Educação é vida",[1] dá para se imaginar os desafios da educação no mundo contemporâneo. Mundo esse que exige o exercício de atualização permanente, a cada dia mais acelerado em face da verdadeira enxurrada de informações, solicitações, pessoas e inovações que se sucedem e fazem parte do mesmo tempo em que vivemos.

Estamos inseridos em uma sociedade na qual se encontram todos os estágios e níveis de desenvolvimento social e cultural, dos mais primários aos mais sofisticados. Todos compondo nossa contemporaneidade, agora globalizada.

Costurando

Emendando alguns recortes de nossa contemporaneidade, nos dias de hoje, encontramos curiosas amostras de personagens representantes de extratos socioeconômicos. Eles podem oferecer bons subsídios para se refletir sobre o que se tem feito e o que se pretende fazer sob o abrigo da educação. Vou apresentá-los nos dois próximos tópicos.

Alfinetes

Nossos ilustres algozes

Alguns pontos eles têm em comum:
- todos passaram por anos de escolarização e por um processo de educação elitizada;
- são profissionais gabaritados intelectualmente, avaliados e selecionados por processos formais em diferentes áreas de

---

[1] DEWEY, John. *Vida e educação*. Tradução e estudo preliminar por Anísio S. Teixeira. 10. ed. São Paulo: Melhoramentos; Rio de Janeiro: Fundação Nacional de Material Escolar, 1978.

Estamos inseridos em uma sociedade na qual se encontram todos os estágios e níveis de desenvolvimento social e cultural. Dos mais primários aos mais sofisticados. Todos compondo nossa contemporaneidade, agora globalizada.

conhecimento e atualização, dentre eles, analistas de sistemas, programadores, juízes, políticos, advogados, médicos, militares, administradores, engenheiros, religiosos e professores;
- estão envolvidos em acontecimentos que englobam barbáries que se estendem desde as guerras, corrupção, crimes hediondos, brutalidade, atentados a patrimônios particulares e coletivos, falsidade ideológica até a mais variada gama de atos que agridem os direitos garantidos pela cidadania;
- não correspondem à totalidade das categorias que representam, porém conseguem fazer grandes estragos à reputação das classes a que pertencem;
- muitos nos surpreendem pelo inesperado. Jamais se poderia prever tal conduta de pessoas às quais foram concedidos créditos de confiança em decorrência de uma educação considerada de alto nível;
- gozam, geralmente, de situações privilegiadas em termos financeiros, se comparados com a grande maioria da população;
- eles existem e alimentam diariamente os noticiários nacionais e internacionais.

Nossos anônimos algozes

Como os anteriores, também estes têm pontos em comum:
- passam ou não por processos de escolarização precários, assistemáticos, formais ou informais;
- são marginais mais ou menos perigosos;
- praticam delitos que geram insegurança em procedimentos corriqueiros e inerentes ao dia a dia do cidadão comum: tomar um ônibus, ir ao cinema, à sorveteria da esquina, à escola, ao banco, fazer compras em ruas comerciais, ficar em casa etc.;

- podem roubar objetos, passar drogas, matar, estuprar, perturbar a ordem pública etc.;
- pertencem a um extrato social de baixa ou inexistente renda;
- têm alvos preferidos de ataque: velhos ou crianças, jovens ou mulheres que podem situar-se em extratos sociais privilegiados financeiramente ou não;
- geralmente não surpreendem, pois já se espera, preconceituosamente, que comportamentos reprovados socialmente sejam oriundos de classes econômica e socialmente desfavorecidas;
- não representam a totalidade do extrato social a que pertencem. Contudo o comprometem negativamente pela natural tendência à generalização de conceitos;
- inquestionavelmente eles estão vivendo por esse mundo afora. Concentram-se prioritariamente em países que apresentam acentuados desníveis sociais e merecem destaque na mídia mundial.

Reunindo alfinetes

Pontos de interseção entre ilustres e anônimos algozes

Esmiuçando, encontraremos uma infinidade deles. Intencionalmente, quero me ater a dois pontos em especial.

O primeiro refere-se ao fato de que, em ambos os casos, se fazem presentes pessoas, não importando a classe social ou o nível socioeconômico em que se enquadram. Tanto os ilustres como os anônimos são pessoas, com todas as características próprias da matriz da humanidade. E lá estão os instintos, reflexos, sentimentos, inteligências etc.

Provavelmente não são essencialmente algozes. São portadores também de características dignificantes para o ser humano.

O conhecimento em si mesmo é poder.
Francis Bacon

Por que justo as peculiaridades humanas negativas se sobressaem e norteiam suas caminhadas de vida? Seria índole, tendência, características doentias de personalidade? Em alguns casos, provavelmente, sim. Entretanto, ouso afirmar que, na maioria deles, não estariam as causas nesses meandros. Onde estão? Espere um pouco, mais adiante lhe contarei o que penso sobre essa questão.

O segundo ponto de interseção entre esses personagens, que desejo enfatizar, é o conhecimento. Assim como os ilustres, os anônimos, pelo simples fato de serem pessoas, dispõem de conhecimentos. É claro que as origens desses conhecimentos possivelmente são diferentes e diferem entre seus detentores no que se remete a tipos, qualidade, fontes, formas, níveis, intensidade etc.

No caso dos ilustres, a interação e o acesso a conteúdos informativos e reflexivos livrescos ou acadêmicos foram mais ou menos oferecidos e construídos por meio de cursos regulares, complementares e estágios em várias áreas constituindo-se em prática corriqueira para eles. Por outro lado, a extensão e o aprofundamento desses conteúdos veem-se beneficiados pelos recursos tecnológicos disponíveis e pelo universo das pessoas com as quais convivem; geralmente aquinhoadas pelo saber formal.

Dominam desta forma as ciências exatas, jurídicas, leis de genética, processos de informáticas e outros conhecimentos do gênero. Valem-se desses conhecimentos para deliberadamente locupletar-se em prejuízo de indivíduos em particular ou de coletividades definidas ou indefinidas.

Os anônimos aprendem predominantemente na escola da vida. Nada ou muito pouco aprendem sobre conhecimentos curriculares nas escolas regulares que frequentam;

dispõem, entretanto, de conteúdos específicos. Aprendem a se safar na escassez, nas adversidades e nos desafios que fazem parte do seu cotidiano. Criam mecanismos e procedimentos que lhes garantem a sobrevivência com recursos precários. O maior domínio de certos conhecimentos nas "artes" de intimidar, assustar, amedrontar lhes garante o comando de situações em seu próprio grupo, em grupos adversários ou na sociedade de uma maneira em geral.

Para os ilustres e anônimos algozes contemporâneos aplica-se uma das máximas de Francis Bacon: "O Conhecimento em si mesmo é poder".[2] Conhecimento que pode ser aplicado para o bem e para o mal.

Colocando em prova

Dessas reflexões recolhi alguns elementos. Os "desinducados" atuais não são necessariamente piores que os antigos; alguns talvez sejam. Outros, e acredito, na sua maioria, são corretos e almejam um mundo mais cooperativo e justo. Pode ser que, hoje em dia, se fale e se mostre mais as coisas ruins praticadas por pessoas que fazem parte do grupo dos "desinducados". Quase não se fala e não há divulgação sobre as coisas boas que um grande número desses "desinducados" está fazendo na luta do dia a dia.

Lembrei-lhe sobre umas coisas que os "antigos" faziam e que os "de hoje" quase não fazem, por falta de tempo, porque acham que é pouco importante ou porque não sabem. Os mais velhos ensinavam aos mais novos princípios, valores e

[2] SANTOS, Wigvan Junior Pereira. *O pensamento de Francis Bacon*. Brasil Escola. Disponível em: https://brasilescola.uol.com.br/filosofia/o-pensamento-francis-bacon.htm. Acesso em: 10 abr. 2004. Esse pequeno aforismo aparece em *Meditationes Sacrae* (1597), um enigmático trabalho de Francis Bacon.

Em um contexto onde se presenciam disparates, ignomínias e horrores, encontram-se também talentos, valores e representantes com ideais humanitários que, neste confuso emaranhado contemporâneo, insistem no respeito à paz, à justiça e à vida.

crenças voltados para o respeito ao outro e para a convivência social. Ensinavam códigos morais. E mais, davam exemplos, por meio de sua conduta, daquilo que ensinavam.

Hoje em dia dá-se muito valor para o conteúdo informativo, para a instrução. Talvez pelas exigências das novidades científicas e tecnológicas, pela disputa no mercado de trabalho e por outros motivos, as pessoas se esqueçam de que educação não é só isso. Nós precisamos desse tipo de conhecimento, mas ele tem que ser aprendido como um recurso, um meio para que as pessoas vivam melhor entre si. A educação só será completa se for dedicada também à formação moral do indivíduo. E ela acontecerá na família, na comunidade, na escola, no trabalho e no lazer.

Isso tudo que tentei explicar em relação aos "desinducados", presumo que se aplique a muitos daqueles que são considerados educados porque o que define a verdadeira educação do ser humano não é o seu nível de escolarização formal ou informal ou seu repertório de conhecimentos reflexivos e práticos. Esses são importantes, mas capengas, insólitos, se não contarem com uma postura ética daqueles que os detêm. Afinal, o único valor absoluto é a dignidade humana.

Aí está o grande desafio da educação contemporânea. Em um contexto no qual se presenciam disparates, ignomínias e horrores encontram-se também talentos, valores e representantes com ideais humanitários que, nesse confuso emaranhado contemporâneo, insistem no respeito à integridade, à paz, à justiça e à vida. Dentre esses representantes, incluem-se, sem dúvida, muitos educadores.

Negar uma realidade não faz com que ela não aconteça. Precisamos investigar, descobrir e lidar com os paradoxos dessa realidade que nem sempre nos é favorável e propícia.

> Onde ficou a sabedoria que perdemos no conhecimento? Onde está o conhecimento na informação?
> T. S. Eliot

Muito oportunamente, a Organização das Nações Unidas para a Educação, Ciência e Cultura (UNESCO) não reconheceu progressos educacionais nos últimos dez anos, diante da constatação de que países em desenvolvimento não deram grandes saltos. Lamentavelmente o Brasil integra essa relação.

Os indicadores para essa análise priorizaram aspectos relacionados à instrução e conteúdos informativos, instalações físicas, relações numéricas entre professor/alunos etc. Sobre os aspectos relacionados a questões morais e éticas existe o vazio, a carência de informações e análises respectivas.

Para enfrentar esse quadro desfavorável, como se fosse uma carta de intenções, o Relatório da Comissão Internacional sobre Educação para o século XXI apoia-se em quatro pilares básicos:

Aprender a aprender.
Aprender a fazer.
Aprender a conviver.
Aprender a ser.

Elos

Lembra-se, amigo leitor, dos cinco exemplos em busca de um rumo que apresentei na introdução desta obra? Prometi e aí estão, nesses quatro pilares básicos, os elos entre eles, entre outros exemplos meus e seus. Em seus meandros e entornos encontram-se os rumos e as dicas para a superação e o enfrentamento dos desafios da educação contemporânea.

Então, esses quatro pilares precisam ser construídos em bases sólidas e conservados como patrimônio da humanidade. Esta é a missão.

Como educação é vida, e, assim sendo, todos fazemos parte, inclusive você e eu, do processo educacional da humanidade, pergunto-lhe:

O que você pensa sobre esta missão?
- [ ] Fácil
- [ ] Difícil
- [ ] Por vezes fácil, por vezes difícil
- [ ] Impossível

Missão
Aprender a aprender.
Aprender a fazer.
Aprender a conviver.
Aprender a ser.

A sua resposta em relação a esta questão possivelmente reflete muito do seu jeito de lidar com educação, isto é, com a vida. A construção desta resposta pessoal, bem como as reflexões dela decorrentes, presumo que o acompanharão nos próximos capítulos. Preciso preveni-lo quanto a isto.

Educação é vida, logo, vida é educação. Assim os pilares para a vida no século XXI são também os da educação e constituem-se em seus desafios contemporâneos. Aprender a aprender, aprender a fazer, aprender a conviver, aprender a ser.

Relatório
Jacques Delors

APRENDER A APRENDER

Uma questão de sobrevivência

Preste atenção nos quatro pilares de sustentação para enfrentar os desafios do século XXI.

Verifique que são sugeridas oito ações. Cinco delas se referem à ação aprender.

Aprender é um mecanismo de sobrevivência. Potencialmente somos todos, salvo comprometimentos físicos ou psíquicos, capazes de aprender. Entretanto, mesmo nos casos desses comprometimentos existem escapatórias.

Então, aprender é a mais importante das ações para que se vislumbre um mundo melhor?

Eu diria que ela não é mais nem menos importante que as outras três ações: fazer, conviver e ser. Na verdade, não existe uma escala de mensuração para essas quatro ações. Elas são necessárias, imprescindíveis, interdependentes e complementares umas às outras.

A supervalorização do conhecimento, visto como um precioso capital do futuro para as descobertas e avanços especialmente nas áreas de ciências e tecnologia, a partir da primeira metade do século XX, deram origem a métodos e técnicas voltados para a aceleração e o domínio de processos de aprendizagem, assim como para o desenvolvimento da inteligência. Como objetivos primordiais, é enfatizado o saber a

Todo difícil é fácil. Basta a gente saber [...] O difícil é aprender.

Mário de Andrade

cada dia mais, descobrindo-se novidades em função do mercado, da competitividade, da produção e da globalização.

A aprendizagem, o conhecimento e o desenvolvimento da inteligência são componentes que integram a educação, porém, não a representam como um todo. Contudo, vêm sendo transformados em alvo preferencial de muitos estudiosos e de pessoas que vislumbram a educação como rota para se atingir objetivos vitais.

Algumas declarações neste sentido são aterradoras:

"A habilidade de aprender mais depressa do que seus concorrentes pode ser a única vantagem competitiva sustentável."
Arie de Geus, chefe de planejamento da Royal Dutch/Shell

"O conhecimento tomou-se o derradeiro recurso da empresa por ser o seu último substituto."
Alvin Toffler

A coisa mais indispensável a um homem é reconhecer o uso que deve fazer do seu próprio conhecimento.
Platão

Evidentemente que a aprendizagem e o conhecimento adquiridos são importantes, todavia, muito mais importante, é o destino e a aplicação que se concede a essas conquistas. Esse destino passará pelo filtro de cada um de nós e de nossos particulares códigos de crenças e valores.

Esses códigos são também formas de conhecimento; conhecimento de caráter formativo, isto é, estariam relacionados ao jeito de ser do indivíduo. E aí uma série de fatores encontra-se envolvida, como estrutura biológica, cultura, idade, grupo social, situação econômica, religião etc.

Nesse terreno não são frequentes as pesquisas e estudos educacionais. Parece que a prioridade é aprender a aprender e saber cada vez mais, em um enfoque informativo e operacional em função da produção.

O que eu faço com o que eu sei. As consequências humanitárias do uso do meu conhecimento. A quem direta ou indiretamente eu ajudo ou prejudico com a aplicação do conhecimento que domino não são questões usuais e pertinentes à maioria das formas corriqueiras de aprender e ensinar, nem tampouco das propostas curriculares ou de ensino.

No livro Revolucionando a Aprendizagem, os autores Dryden e Vos nos dão, dentre muitas, as seguintes notícias:

> Colin Rose é um inovador inglês que moldou os avanços com pesquisas educacionais, transformando-os num negócio altamente bem sucedido. Como comerciante especialista em alimentos dietéticos, ficou fascinado com a psicologia do controle de peso e depois com a psicologia do sugestão.[1]

Criando um programa "Aprender a Aprender", do qual fazem parte *kits* simples compostos de folhetos, vídeos e cassetes para uso doméstico, Colin presta também serviços comerciais e públicos a organizações como Sony, IBM, Kellogs, Avon Cosmetics, Esso, Proctor & Gamble, Boeing, Aircraft Telecom Australia, Saudi Arabian Airlines e Rover.

A partir de 1980, Colin concilia necessidade à oferta, ao perceber a intenção europeia de transformar-se em uma comunidade universal e as deficiências das habilidades de língua estrangeira dos executivos das empresas britânicas. Sua companhia Accelerated Learning System preencheu o nicho com *kits* de treinamento de Lazanov do tipo "faça você mesmo". Os *kits* logo se tornaram o maior recurso de aprendizagem de idiomas vendidos no país. Foram

---

[1] DRYDEN, Gordon; VOS, Jeannette. *Revolucionando o aprendizado*. São Paulo: Makron Books, 1996.

projetados para aprendizagem doméstica, contudo agora estão sendo utilizados em muitas escolas.

Sucessos, fórmulas bem sucedidas de métodos de aprendizagem e utilização mais eficiente dos recursos do cérebro e desenvolvimento da inteligência constituem-se como inusitados e têm ênfase nos discursos e em publicações educacionais.

E, sem dúvida, são preciosos e merecem ser explorados, divulgados e usados, especialmente se pensarmos no imenso contingente mundial de excluídos socialmente em decorrência da ignorância.

Diante disso, torna-se inquestionável o fato de que todos precisamos aprender a aprender.

Fato que reforça, de certa forma, o pronunciamento da Doutora Jeanette Uos, na introdução de sua já citada obra:

> Este livro é sobre alternativas práticas e já provadas ações e programas que funcionam de maneira eficaz e simples, destinados à construção de um futuro decente para nossos filhos e nossas famílias. Nós o intitulamos Revolucionando a Aprendizagem (o aprendizado?) porque a verdadeira educação para todos é uma parte da resposta. Porém, não estamos nos referindo aqui apenas à educação acadêmica. Estamos falando sobre crescimento pessoal (que inclui auto-estima), habilidade para viver e aprender a aprender [...] A necessidade não é apenas absorver informações de maneiras novas e estimulantes, mas é formar a confiança necessária para se beneficiar totalmente de uma era em que agora tudo é possível."[2]

---

[2] DRYDEN, Gordon; VOS, Jeannette. *Revolucionando o aprendizado*. São Paulo: Makron Books, 1996.

Questionamentos:

O que eu faço com o que eu sei?

Quais as consequências humanitárias do meu conhecimento?

A quem direta ou indiretamente eu ajudo ou prejudico pela aplicação do conhecimento que domino?

A ignorância é um fardo trágico.

Ela comove, atemoriza, surpreende, e concorre para funestas consequências sociais, econômicas e políticas.

Já o coautor e jornalista Gordon Dryden refere-se, em sua introdução, às crenças principais em que se baseia o livro. Dentre essas, destacamos:

"Precisamos de uma revolução paralela em aprendizagem vitalícia, condizente com a revolução de informação, para que todos nós compartilhemos os frutos de uma era de plenitude potencial."

"Felizmente, essa revolução que pode ajudar cada um de nós a aprender qualquer coisa mais depressa e melhor, também vem ganhando velocidade."[3]

Avesso do avesso

Apesar de toda a propaganda a favor, as dicas e os métodos para facilitar a aprendizagem registram em si mesmos, por vezes, contradições altamente questionáveis. Isso acontece se não forem acompanhados de procedimentos de caráter formativo ético e moral, isto é, procedimentos relativos ao uso, aplicação e consequências dos conceitos construídos e das informações obtidas. Senão, vejamos a seguir, fazendo-se um paralelo com os exemplos e fatos históricos e, em especial, com o atentado terrorista aos Estados Unidos da América, ocorrido em 11 de setembro de 2001, que modificou consubstancialmente a dinâmica das relações internacionais.

Ao recomendar os vinte primeiros passos para que se aprenda qualquer coisa cinco vezes mais depressa, melhor e com mais facilidade, Dryden e Vos propõem, como um primeiro passo, que se comece pelas lições do esporte. Concordo plenamente. Que lições seriam essas? Os esportistas

---

[3] DRYDEN, Gordon; VOS, Jeannette. *Revolucionando o aprendizado*. São Paulo: Makron Books, 1996.

Primeira lição

Todos que praticam esportes têm um sonho. Sonham com o impossível e o fazem acontecer.

Dryden e Vos

sonham concretizar feitos, fazer gols, ganhar troféus e, para isso, são determinados e dedicam-se a superar seus próprios limites de resistência.

Princípio coerente para todos que se lancem na aventura de aprender, qualquer que seja a área de conhecimento. Dessa forma, podemos sonhar sermos professores, escritores, chefes de cozinha, operadores da bolsa, pilotos de jato etc.

O sonho emergirá, provavelmente, na maioria das vezes, de motivos pessoais e culturais, relacionado a cada indivíduo e a sua particular história de vida. Muitas pessoas, por exemplo, sonham serem pilotos. As origens e a germinação desses sonhos são, contudo, idiossincráticas, intransferíveis e geralmente inconscientes.

Conheci um jovem que desejava voar. A princípio queria voar de asa delta. Seus pais se valiam de todos os argumentos e artifícios para evitar aquilo que consideravam uma aventura de alto risco. Dessa maneira, embora muito solicitada, nunca o presentearam com a cobiçada asa delta. Após alguns anos, ao que parecia, o perigoso esporte havia sido esquecido, para o bem de todos, pensavam seus pais.

O jovem realizou brilhantemente seu curso superior, e após algum tempo era chegada a hora de sua especialização. As opções eram variadas e correspondiam a diferentes áreas de conhecimento compatíveis com sua formação. Particularmente, qual o atraiu? Pilotagem de helicóptero. Então, o jovem começou a voar. Foi o primeiro colocado em sua turma. Continua voando e ensinando aos outros jovens a voar.

As origens do sonho de voar possivelmente não se encontram na asa delta. Encontram-se contidas nas experiências, sucessos, fracassos e expectativas culturais, pessoais, familiares e sociais desse jovem.

Santos Dumont também sonhava voar. Foi pioneiro, precursor e permitiu, por sua persistência, tenacidade e arrojo, chegar ao 14 Bis. Este feito, consequência de um sonho inicial, tem permitido, além de avanços aeronáuticos, a concretização dos sonhos de muitas outras pessoas. Todavia, em muitas circunstâncias, a aplicação dos conhecimentos obtidos em decorrência desses sonhos e dos avanços

O sonho emergirá, provavelmente, na maioria das vezes de motivos pessoais e culturais, relacionado a cada indivíduo e a sua particular história de vida situada em um tempo e contexto sociopolítico.

tecnológicos é imensamente destrutiva. Hiroshima, Kosovo, Nagasaki, Vietnã, Bagdá são alguns nomes que nos conduzem a lembranças tenebrosas da aplicação de conhecimentos extremamente sofisticados.

Ao se pesquisar a origem desses conhecimentos, muitos personagens se farão presentes com seus sonhos e ideais, na maioria das vezes de caráter exclusivamente humanitário.

O dito popular "O que dá pra rir dá pra chorar" se coaduna com o quadro e nos leva à reflexão no que se refere ao aprender, aos sonhos e às suas consequências.

INFERNO

O maior atentado terrorista da história espalha pavor pelo mundo e põe em risco a paz.
Eram 08:45 da terça-feira, 11 de setembro de 2001, horário de Nova York, quando o mundo parou para assistir a cenas inacreditáveis. Um avião sequestrado momentos antes, precipitou-se contra uma das torres do World Trade Center. Em seguida, outra aeronave invadiu a segunda torre. Depois de arderem em chamas por mais de uma hora, ambas desabaram. Um dos principais cartões-postais do mundo havia sido riscado da paisagem. O prédio do Pentágono, em Washington, onde são traçadas as estratégias militares americanas, também foi atingido. O terrorismo ousara como nunca. O ato de barbárie, cujas conseqüências são imprevisíveis, pôs o planeta em alerta. Vive-se agora o medo.[4]

---

[4] INFERNO. *Revista Época*, Rio de Janeiro, n. 1733, 2001. Edição extra.

O jovem que queria voar, Santos Dumont, e os terroristas tiveram sonhos. Almejaram o impossível. Para concretizar esses sonhos precisaram aprender. A necessidade de concretizar sonhos funcionou como um estímulo para as aprendizagens compatíveis com os passos a serem dados rumo ao impossível. Neste caso, representado pelos sonhos daquilo que se deseja realizar.

Em todos esses e em qualquer outro caso existem, subjacentes aos sonhos, motivos e enredos pessoais de trajetórias de vida, em contextos culturais que justificam esses sonhos

Segunda lição

Todos têm metas específicas e dividem essas metas em etapas alcançáveis.

Dryden e Vos

e determinam as finalidades do uso de conhecimentos construídos. Consequentemente o sonho de cada um é pessoal e intransferível e diz respeito somente ao próprio indivíduo. São intransferíveis. Embora, aparentemente, sejam os mesmos de outras pessoas.

Esse sonho, pessoal, intransferível e correspondente ao indivíduo como ser único e histórico é o que dá sentido ao conceito de motivação intrínseca. Por isto, para qualquer ser ensinante/aprendente (você e eu), saber do sonho e estimulá-lo é muito importante para a concretização de aprendizagens, mas é importante também explicitar os motivos desse sonho. E ninguém mais indicado para destrinchar esse emaranhado e buscar a ponta do novelo, do que o próprio "sonhador".

Seriam degraus a serem vencidos mediante empenho e esforços persistentes. Vencido um degrau, ações devem ser empreendidas para o passo seguinte. Não se deixar sufocar pelo excesso. É importante dosar a quantidade, a intensidade e o nível de dificuldades no percurso da aprendizagem alvo.

Lição condizente com os princípios de várias teorias da aprendizagem e que, respeitados, facilitam a aquisição de conteúdos, informações e habilidades.

Voltemos aos macabros personagens do fatídico 11 de setembro de 2001. Tinham eles metas específicas? Dividiram-nas em metas alcançáveis? Sem sombra de dúvidas, sim. Basta verificar seu cuidadoso planejamento.

"Faz pouco mais de dez anos que o saudita Hani Hanjour entrou pela primeira vez nos Estados Unidos. Foi estudar inglês num curso de oito semanas na Universidade do Arizona, em Tucson. Sete anos mais tarde, começou a fazer um curso de pilotagem em Scottscale, naquele mesmo Estado. O FBI concluiu que esse terrorista, que também morou em Phoenix, no Arizona, e acumulou 250 horas ao manche de aviões, tem o perfil próximo dos chamados 'ativistas dormentes, militantes que os grupos extremistas deixam por anos numa determinada comunidade, região ou país, até o dia em que são chamados a executar sua missão'. Nos atentados de 11 de setembro, coube a Hanjour acertar o Pentágono, em Washington, pilotando um Boeing 757 – o ataque que exigia maior perícia entre todos os planejados pelos grupos de suicidas."[5]

Absolutamente correto. Cada vez mais se fala no ser holístico. O ser humano funciona como um todo integrado.

"Salem Alhamzi, de quem a polícia sabe pouco mais que o nome, revelou-se um devorador de comida chinesa que gostava de mostrar a musculatura desfilando pelo bairro, de sandálias, jeans e camisetas. Ele e outros parceiros frequentaram academias de ginástica em Nova Jersey. Na Califórnia, os dois pilotos que foram aproveitados apenas como músculos na execução do sequestro, frequentaram assiduamente um centro islâmico."[6]

O rendimento dos alunos melhora conforme a alimentação que recebem. Alunos com carências alimentares, quando estas são supridas por refeições complementares na escola, passam a demonstrar melhores resultados em seus desempenhos.

Os exercícios repetidos, alternados com movimentos intelectuais e físicos, representam sempre um convite à ação, para que se favoreça a aprendizagem almejada. Assim, a

[5 e 6] Artigos publicados na Revista Época, Rio de Janeiro, n. 1733, 2001. Edição extra.

meditação, os pensamentos positivos, as caminhadas, os exercícios físicos, a alimentação adequada, o saber lidar com o corpo são procedimentos que nos auxiliam a aprender mais e melhor.

Acompanhando as rotinas e roteiros dos terroristas responsáveis pela morte de milhares de pessoas, pelo pânico mundial, pela iminência da deflagração da 3ª Guerra Mundial, ao lançarem os aviões sequestrados sobre as torres gêmeas

Terceira lição

Todos os esportistas combinam mente, corpo e ação. Sabem que suas metas podem ser alcançadas quando unem a atitude mental e correta, o preparo físico, a dieta e as habilidades físicas.

Dryden e Vos

Quarta lição

Todos têm visão, aprendem a visualizar sua meta. Aprendem a ver suas conquistas com antecedência, a jogar a próxima partida de futebol como um vídeo da mente.

Dryden e Vos

do *World Trade Center* e sobre o Pentágono, podemos observar que esses procedimentos foram seguidos à risca.

As iniciativas voltadas para domínios particulares de conhecimentos definidos e necessários ao alcance de suas metas específicas demonstram a preocupação conciliada de respeito à mente e ao corpo. Nesses conhecimentos incluem-se defesa pessoal, inglês, informática e pilotagem, dentre outros, todos eles acompanhados de ação por meio de simulação, treinos e práticas intensivas. Maravilha! Mobiliza-se o aprendiz para lançar-se em seu processo de realização pessoal. Perfeito. Seria visualizar o sonho, onde se quer chegar. Imaginar-se pessoalmente em um espaço definido fazendo com precisão e eficiência aquilo que se almeja. Antever a concretização de expectativas particulares.

Quinta lição

Todos eles têm paixão. Todos têm um desejo esmagador de se saírem bem.

Dryden e Vos

Visualizar o sucesso da meta atingida antecipadamente deve ter alimentado toda uma empreitada de múltiplas aprendizagens necessárias à catástrofe que mudou a história da humanidade no dia 11 de setembro de 2001.

Prova inconteste dessa perspectiva foram os investimentos financeiros que geraram bilhões de dólares aos grupos terroristas.

Pense em você mesmo e compare a diferença de suas aprendizagens quando existe ou não a paixão. A paixão é o combustível da aprendizagem.

Alguma dúvida sobre a paixão envolvida nas aprendizagens tem uma origem. Fazem parte de nossos "pré-conceitos" que, permanentemente, carecem ser atualizados. Contudo, eles nunca o serão se não nos dispusermos a esmiuçá-los, compará-los e confrontá-los com os novos elementos que se fazem presentes pela estrada da vida. Precisamos aprender a fazer uma releitura de nossas posturas discriminatórias. Este aprender a fazer é urgente.

Sexta lição

Cada um tem um treinador, um orientador, um guia.

Dryden e Vos

Importantíssima a figura do Mestre no ato de aprender.

Um mestre envolvente, que represente um exemplo a ser seguido, dedicado e que seja respeitado e obedecido.

Osama Bin Laden – Quantas vezes ouvimos falar deste nome antes do atentado do dia 11 de setembro de 2001?

Alguém pode negar-lhe o papel de eficientíssimo treinador, orientador e guia?

Sétima lição

Todos os esportistas têm uma atitude fantasticamente positiva em relação a erros. Nem ao menos os denominam erros, eles os chamam de treino ou prática.

Dryden e Vos

Os treinos e a prática fazem parte da rotina dos seguidores de Bin Laden. Eles começam na infância e representam peça-chave no aperfeiçoamento das táticas terroristas.

Evidentemente que neste percurso incontáveis "erros" aconteceram. Esses "erros", em uma perspectiva construtivista, não se constituiriam em erros propriamente, mas em desempenhos correspondentes ao nível de desenvolvimento cognitivo e habilidades adquiridas de acordo com as oportunidades de aprendizagem a que foram submetidos os sujeitos que aprendem.

Em linguagem educacional, esta é uma típica dica construtivista. Pensemos em uma criança que aprende a andar. A quantas quedas ela se submete até que, desenvolta, caminhe seguramente? Incontáveis. Cada queda corresponde a

Oitava lição

Todos atingiram as metas fazendo. O esporte é uma operação em que se tem de por a mão na massa. Você não conseguirá estar fisicamente apto lendo um livro, embora isso possa ajudá-lo com a teoria.

Dryden e Vos

um erro, mas todas essas tentativas remetem-se a uma meta. A meta seria andar com perfeição, segura e equilibradamente.

O convívio harmonioso com o erro é inerente e integra um percurso para que se alcance uma *performance* comprovadamente competente.

O princípio aqui se relaciona à interação (ação entre). É preciso lidar com o objeto de conhecimento. Ninguém aprende por procuração. Isso é irrefutável. Eles lidaram e como lidaram com o objeto de conhecimento. Colocaram a mão na massa e atingiram plenamente a sua meta, sucesso absoluto em seu intuito destruidor.

Aprender é uma ação que exige ação.

Maniqueísmo na aprendizagem

Caro leitor, para fazê-lo pensar sobre o bem e o mal contidos no ato de aprender e no domínio do conhecimento, foi utilizado o exemplo de uma ação terrorista, quando vidas inocentes foram penalizadas. Realmente uma conduta indefensável, que gera indignação e repúdio de quase toda a população mundial.

Se refletirmos sobre a história da humanidade, das nações, das organizações, das pessoas e de cada um de nós, em quantos episódios identificaremos o conhecimento construído pelo processo de aprendizagens sucessivas utilizado como instrumento de submissão, escravidão, tortura, humilhação, vingança, vaidade, inconsequência e horror?

É claro que não podemos classificar e julgar fatos históricos aleatoriamente, sem considerá-los em seus contextos sociais, políticos e econômicos. Práticas que hoje nos escandalizam podem ter sido consideradas naturais e aceitáveis nas ocasiões e espaços em que ocorreram. Exemplos: a escravidão, o tabu da virgindade, a submissão feminina etc.

Ao falarmos sobre o bem e o mal contidos nas interações sociais, entramos no espaço reservado aos conceitos morais que orientam a conduta de determinados grupos.

Fale de sua aldeia e estará falando do mundo.
Leon Tolstói

Que aldeia é esta?
o meu país
o meu estado
a minha cidade
o meu bairro
a minha comunidade
a minha família
a outra pessoa
eu mesmo(a)

Cada aldeia é uma amostra
de tudo aquilo que se faz
representar no mundo

O indivíduo pode agir moralmente somente em sociedade. De fato, desde a sua infância, encontra-se sujeito a uma influência social que lhe chega através de vários caminhos e à qual não pode subtrair-se, através dos pais, do meio escolar, dos amigos, dos costumes e tradições, do ambiente profissional, dos meios de comunicação de massa (cinema, imprensa, rádio, etc.). Sob esta variada influência formam-se aos poucos as suas idéias morais e os seus modelos de comportamento moral.

Vasquez

Entra novamente aqui, o fenomenal papel da aprendizagem como sinônimo de modificação de comportamento. Pessoas refletiram sobre suas aprendizagens e conseguiram influenciar outros componentes de seus grupos sociais a gerar transformações de comportamentos estabelecidos e consagrados como corretos e indicados. Assim sendo, conseguiram redefinir paradigmas de conduta social.

As oito lições dos esportistas descritas anteriormente, inspiraram Marilyn King na elaboração do Programa Pensamento Olímpico, aplicado a executivos corporativos. Com isso, os executivos têm condições de aprimorar seus desempenhos mediante a aquisição de competências e conhecimentos que facilitam o enfrentamento das mudanças e da transitoriedade de solicitações próprias do mundo do trabalho da atualidade.

Essas oito lições não surgiram por geração espontânea, elas têm origens remotas. Desde a antiga Grécia, os esportes se impõem como exemplo para as conquistas e os progressos na trajetória da humanidade.

As oito lições do esporte que podem facilitar a aprendizagem:

1. todos que praticam esportes têm um sonho. Sonham com o impossível e fazem acontecer;
2. todos têm metas específicas e dividem essas metas em etapas alcançáveis;
3. todos os esportistas combinam mente, corpo e ação. Sabem que suas metas podem ser alcançadas quando unem a atitude mental correta, o preparo físico, a dieta e as habilidades físicas;
4. todos têm visão e aprendem a visualizar sua meta. Aprendem a ver suas conquistas com antecedência, a jogar a próxima partida de futebol como um vídeo da mente;
5. todos têm paixão. Todos têm um desejo esmagador de se saírem bem;
6. cada um tem um treinador, um orientador, um guia;
7. todos os esportistas têm uma atitude fantasticamente positiva em relação a erros. Nem ao menos os denominam erros: eles os chamam de treino ou prática;
8. todos atingiram as metas fazendo. O esporte é uma operação em que se tem de por a mão na massa. Você não conseguirá estar fisicamente apto lendo um livro, embora isso possa ajudá-lo com a teoria.

Exercícios

1. Pense em situações de sua vida que lhe exigiram conhecimentos adquiridos mediante aprendizagens.

1.1 Compare quais das oito lições dos esportistas se aplicam a essas situações pessoais de aprendizagens.

2. Como nós não somos anjos somente, temos também nossas mazelas, ouso perguntar:

2.1 Em todas as vezes que você semelhantemente seguiu esses passos, seus objetivos eram construtivos?

2.2 Porventura, ocasionalmente, eles tiveram intenção destrutiva?

3. E agora, como você pode aplicar os mesmos princípios para qualquer coisa que deseje alcançar e aprender?

3.1 Como poderia atingi-la ou aprender mais depressa, melhor e com mais facilidade?

Orientações

1. Naturalmente esses conhecimentos não ocorreram aleatoriamente. Eles se contextualizam em uma sociedade pedagógica, da qual fazem parte a família, os vizinhos, os amigos, as igrejas, os meios de comunicação, as escolas etc. Todas estas instituições constituem o que se pode chamar de "a escola da vida". Em relação a alguns desses conhecimentos e aprendizagens, é possível que você identifique as suas respectivas origens em sua história pessoal e social. Em relação a outros, não. A identificação dessas origens, como um processo de aprender a aprender sobre as próprias aprendizagens que integram a nossa existência, constituem-se em um desafio interessantíssimo e fabuloso.

Onde aprendi isto? Com quem? Como? Já refleti sobre isto? Quais os efeitos dessas aprendizagens em minha existência? Existiriam outras respostas para essas situações que fossem diferentes daquelas que aprendi? Por que isto ocorre? É possível resignificar as minhas aprendizagens pessoais?

Questões como essas deveriam incorporar-se ao processo de aprender a aprender. Aliás, elas se tornam indispensáveis para que se supere a tendência natural de cristalização de aprendizagens como definitivas e não se exerça a capacidade de atualização que nos foi concedida como mecanismo de sobrevivência diante das inexoráveis mudanças que acompanham a vida.

1.1 Você poderá aprender sobre você mesmo se refletir sobre quais das oito lições dos esportistas você utilizou em função das aprendizagens que o conduziram à construção de determinados conhecimentos. Possivelmente você se dará conta de características que facilitam ou emperram seu desempenho em determinadas circunstâncias. Retome agora cada uma delas e confira. A magia desta experiência está no fato de que aprendendo sobre essas influências, você poderá modificar comportamentos pessoais e favorecer continuamente seu próprio desenvolvimento, ou seja, a aprendizagem passa a funcionar como instrumento facilitador da própria aprendizagem. Eu me vejo, eu me penso, eu me aprendo, eu me modifico.

2. Nem só anjo, nem só demônio. Nem só o bem, nem só o mal. Somente em alguns romances encontramos personagens essencialmente bons ou essencialmente maus. A matriz da humanidade que nos é peculiar traz consigo

características que particularmente, por vezes, nos assustam, indignam e amedrontam, especialmente quando as reconhecemos em nossos semelhantes. A violência, a inveja, a desonestidade, a deslealdade, o ódio, a vingança, a rejeição, os medos, a intolerância, o pessimismo e muitas outras.

Embora exista uma tendência natural a procedimentos defensivos quando nos são apontadas características dessa natureza, também em cada um de nós elas se fazem presentes. Evidentemente existem as diferenças individuais. Elas podem aparecer mais ou menos intensas, variar de acordo com contextos e situações, mas, inegavelmente, elas se fazem presentes em nossa pessoal representação da humanidade.

Aliás, nós só conseguimos entendê-las e decodificá-las porque correspondentemente, em maior ou menor intensidade e sempre sob diferentes roupagens, elas constam em nossos repertórios pessoais.

E aí o que fazer? Prossiga nessa busca amigo leitor, pois o próximo capítulo versará sobre o aprender a fazer.

> Existirá alguém tão esperto que aprenda pela experiência dos outros?
>
> Voltaire

APRENDER A FAZER

O ovo ou a galinha?

Quem nasceu primeiro, o ovo ou a galinha?
R1: O ovo. Comentário: Sendo assim, de onde ele veio se não havia a galinha para que procedesse a sua geração e desenvolvimento?
R2: A galinha. Comentário: Sendo assim, de onde ela surgiu, uma vez que se pressupõe que o ciclo vital de uma galinha é a passagem pelos estágios do ovo fecundado, pintinho, frango e finalmente galinha?
A discussão é antiga, mas remete a brincadeiras e provocações para a reflexão comum em várias circunstâncias.
Por analogia poder-se-ia aplicar o mesmo mote aos atos de aprender e fazer.
Quem nasceu primeiro, o aprender ou o fazer?

Quem se habilita a responder?

Muitos teóricos têm se dedicado a questões relacionadas ao desenvolvimento do ser humano e a sua inteligência e aos atos de aprender e fazer, inerentes a essas possibilidades de desenvolvimento.

Embora se identifique muitas divergências, enfoques diversificados, ênfases e preferências em seus estudos, observa-se um ponto de convergência. Todos depositam crédito na possibilidade da qual é dotado o ser humano: desenvolver-se mediante aprendizagens contínuas ao longo de sua existência.

> A atividade inteligente
> é sempre um processo
> ativo e organizado de
> assimilação do novo ao
> velho e da acomodação
> do velho ao novo?
>
> Jean Piaget

Alguns enfoques sobre a teoria de Jean Piaget

De acordo com a teoria piagetiana sobre o desenvolvimento cognitivo, o indivíduo nasce com uma estrutura biológica potencial e a sua interação com o meio ambiente ocasionará condições para a construção e a gênese de suas estruturas intelectuais.

Segundo Piaget[1], se não houver a atividade, não há desenvolvimento da inteligência. A ação é a própria inteligência em desenvolvimento. Esta ação apresenta-se como fator permanente de equilibração e desenvolvimento da inteligência. Na medida em que o indivíduo interage e é perturbado por um objeto de conhecimento e não consegue adaptar-se com os conhecimentos que possui, desencadeia-se os mecanismos de assimilação e acomodação em busca do equilíbrio. Este contínuo movimento representa o desenvolvimento da inteligência como ato adaptativo, contando com os mecanismos de autorregulação.

Ao se atingir o estágio das operações intelectuais, conta-se com as estruturas lógicas. Uma mesma estrutura evolui em termos de esquemas de ação. Se ocorrer em um maior número de oportunidades de ação, o indivíduo terá maiores possibilidades de ser perturbado intelectualmente e consequentemente construir maior número de esquemas de ação. Da mesma forma, maior número de conhecimentos irá representar maior número de chances de perturbação e consequentemente a formação de um maior número de esquemas. Por outro lado, não adianta o meio ambiente oferecer estímulos para os quais o sujeito cognocente não haja atingido

---

[1] PIAGET, Jean William Fritz. *A construção do real na criança*. 2. ed. Rio de Janeiro: Zahar, 1975.

a competência, ou seja, conte com a estrutura ou esquema de ação que lhe permita ser sensibilizado pelo estímulo oferecido.

Distinguiremos, para maior clareza, seis estágios ou períodos de desenvolvimento que marcam o aparecimento dessas estruturas sucessivamente construídas. O 1° estágio dos reflexos ou mecanismos hereditários, assim como também das primeiras tendências instintivas (nutrições e das primeiras emoções). O 2° estágio dos primeiros hábitos motores e das primeiras percepções organizadas, como também dos primeiros sentimentos diferenciados. O 3° estágio da inteligência sensório-motora ou prática (anterior à linguagem) das regulações afetivas elementares e das primeiras fixações exteriores de afetividade.

Esses três primeiros estágios constituem o período de lactância (até por volta de um ano e meio a dois anos), isto é, anterior ao desenvolvimento da linguagem e do pensamento. O 4° estágio da inteligência intuitiva dos sentimentos interindividuais espontâneos e das relações sociais de submissão ao adulto (2 a 7 anos). O 5° estágio das operações intelectuais concretas (começo da lógica) e dos sentimentos morais e sociais de cooperação (7 a 11 anos). O 6° estágio das operações intelectuais abstratas, da formação da personalidade e inserção afetiva e intelectual na sociedade dos adultos (adolescência).[2]

[2] PIAGET, Jean. *Seis estudos de psicologia*. Tradução Maria Alice Magalhães D'Amorim, Paulo Sergio Lima Silva. 24. ed. Rio de Janeiro: Forense Universitária, 1999.

Trocando em miúdos

De 1965 a 2003 contamos com 38 anos de história. E, ao se pensar na história da civilização, 38 anos representam um insignificante piscar de olhos. Um *flash*.

Vejamos então um exemplo de oportunidades, aprendizagens, interações, fazeres, suportes cognitivos, práticas e desenvolvimento pessoal e social do que pode acontecer em um intervalo de tempo como esse, no enredo de uma vida, e também suas consequências em um determinado contexto.

Havia concluído o Curso Normal, prestado concurso e fui nomeada Professora do Quadro Permanente do Magistério do Estado do Rio de Janeiro. A Escola para a qual fui designada chamava-se Sérgio José do Amaral e ficava no Distrito de Surui, no município de Magé. Era considerada de difícil acesso e os recursos didático-pedagógicos eram extremamente precários. Hoje, olhando meu dedo médio da mão direita, observo um saliente calo, cuja origem se remete àquela época. Costumava fazer à mão e com especial capricho, um a um, os mapas de frequência, exercícios em cadernos e provas de alunos, dos quais muito me orgulhava. Claudete, minha colega, deu-me uma ideia para a elaboração das provas e exercícios. Que tal se eu virasse o carbono? Melhorou significativamente. Redução no trabalho em aproximadamente 50%, mas, sugestão melhor veio de Margarida: a elaboração de uma prosaica matriz feita com gelatina incolor e um tabuleiro retangular de cozinha em tamanho correspondente a uma folha de papel de ofício. Fazia-se a gelatina com uma quantidade menor da água indicada e colocava-se no tabuleiro e, em seguida, na geladeira, para que formasse uma consistência mais dura do que a gelatina com finalidade comestível.

À parte, fazia-se com uma folha de papel ofício e uma de carbono o modelo da prova ou exercício a serem reproduzidos. Então, colocava-se o carbono já decalcado sobre a gelatina endurecida do tabuleiro, ficando a superfície acetinada para cima e a tintura em contato com a gelatina. Passavam-se as mãos cuidadosamente sobre o carbono, para que a impressão ocorresse na gelatina. Estava pronta, assim, a matriz correspondente ao exercício ou a prova.

Depois disso, nessa matriz passavam-se as folhas de papel ofício. Uma a uma, até mais ou menos dez cópias. Ao sentir-se enfraquecida a coloração das cópias, usava-se uma esponja para retirar as impressões daquela matriz e repetia-se o mesmo processo para fazer uma nova cópia em outro carbono. Maravilha, que evolução! De dez em dez, como facilitou o meu trabalho! Posteriormente fui removida para uma escola mais próxima da capital, que, embora com instalações sofríveis, os recursos materiais eram um pouco mais favoráveis. Dr. Rodolpho Siqueira, do distrito de Columbandê, município de São Gonçalo, ano de 1969, são dados que a situam no espaço e no tempo. O máximo da sofisticação para mim era poder contar com um mimeógrafo à álcool, o qual, nós mesmos, professores, manuseávamos. As cópias possíveis para cada matriz eram muito mais do que dez. É certo que, seguidas vezes, as matrizes borravam e sujavam nossas mãos e roupas, mas o progresso era inquestionável.

A "Dr. Rodolpho" foi premiada com nova sede e instalações e promovida ao *status* de Escola Modelo, e junto a essa nova condição, recebemos um equipamento fenomenal, um mimeógrafo à tinta. Além de uma nitidez incomparável na impressão, ele raramente borrava as cópias e muito menos os seus usuários.

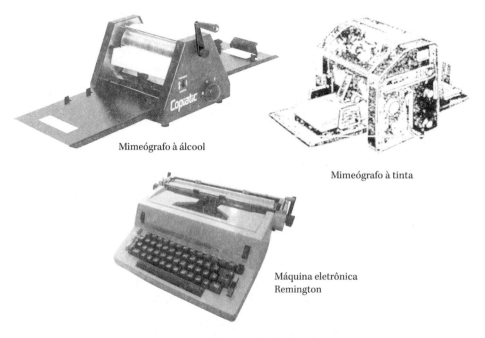

Mimeógrafo à álcool

Mimeógrafo à tinta

Máquina eletrônica Remington

A Xerox veio posteriormente nos impressionar substituindo as fotocópias caras e muitas vezes ilegíveis.

A máquina eletrônica Remington, que produzia até 10 cópias de um original, reuniu admiradores à sua volta quando foi feita a demonstração de sua *performance*.

No início dos anos 80, uma notícia impactava a população de Salvador. A chegada de um contêiner no qual vinha devidamente acondicionado o primeiro computador para a Universidade Federal da Bahia, que foi instalado no Centro de Computação de Dados. Em 1985, matriculei-me, pelo

Mestrado em Educação, no Curso de Informática em Educação, tendo como Mestre o Professor Rainei, um genuíno alemão que nos introduziu na indecifrável e dificílima ciência da computação. Aqueles cartões perfurados e as linguagens DOS e Cobol faziam-me sentir o gosto da incapacidade cognitiva. Mas, apesar dos pesares, concluí o curso e, em 1989, como Diretora da Faculdade de Educação da Universidade Federal da Bahia (FACED-UFBA), junto com a Professora Elda Tramer e Antonio Estrela, instalamos o primeiro Centro de Informática em Educação da FACED. A novidade já não era aterrorizadora e não representava uma ameaça como consequência de minha pessoal ignorância nessa área de conhecimento.

Para um contato mais íntimo e menos sofrido com essa nova e revolucionária máquina, os programas *Windows*, *Word*, *Excel* e *PowerPoint* representaram alvissareira notícia e realidade. Em 1993, participei pela primeira vez de um curso introdutório nesse deslumbrante e fecundo território, em que cada passo representa novas descobertas e possibilidades.

Desnecessário dizer que não parei por aí. Outros programas, outros avanços, a Internet, o infinito, a ampliação do conhecimento, a multiplicidade de chances e oportunidades, fazem-me constatar o quanto são insuficientes e carecem de adições os meus conhecimentos.

Mas, voltando à evolução dos meus saberes na simples produção de textos, ao redigi-los, podendo fazer as correções, sem maiores complicações, usando diferentes tipos e tamanhos de letras (fonte), cores, ilustrações e depois imprimi-lo no número de cópias que desejasse, o meu entusiasmo tomava proporções surpreendendo meu professor Marcelo que, na época, tinha 18 anos, e mais ainda, Antonio, meu colega de curso de informática (um para cada dois alunos) que acabara de completar 12 anos.

Eles jamais compreendiam o que representava para mim tais possibilidades. Poderiam até tentar, mas jamais alcançaram o exato sentimento. Eles não aprenderam a fazer lições, uma a uma, para seus alunos, a usar carbono, matriz de gelatina, mimeógrafo a álcool e à tinta, nem sequer máquina eletrônica Remington ou computador que chega em "contêiner". Cartões perfurados? O que é isto? O meu entusiasmo se justificava e fazia sentido para mim. Conquistas e progressos no aprender a fazer, cujos louros eram manifestados alegre e vibrantemente.

Aprender que exigiu fazer. Fazer que exigiu aprender. Sempre mais e mais.

As aprendizagens de Antonio e Marcelo partiram de pontos de desenvolvimento inicial diferentes dos meus. Portanto, os procedimentos para que se desencadeasse o processo de aprender a fazer de cada um desses aprendentes necessariamente teriam que ser diferente. Mas, por mais adequados,

Não existe um "agora" sem muitos "antes" e não existirá um "depois" sem este "agora"?

Lucila Rupp de Magalhães

criativos e estimulantes que sejam esses procedimentos, não ocorrerá aprendizagem se o aprendiz não se dispuser a lidar com o objeto de conhecimento, não interagir com ele, não manusear ou não matutar sobre o que está sendo feito. A ação é uma exigência. Ela pode acontecer no plano da reflexão, a depender do tipo de conhecimento, com a interação no campo abstrato das ideias, e pode acontecer no campo concreto das experiências objetivas e práticas. É bom lembrar que cada um desses tipos de ação não invalida o outro, eles podem e devem se complementar.

No exemplo que utilizei, os pressupostos de Piaget, no que se refere ao desenvolvimento da inteligência e do conhecimento, podem ser identificados. Eu, Marcelo e Antonio nascemos potencialmente capazes de aprender, entretanto os espaços, os tempos, as oportunidades diferiam entre nós. Aliás, estes sempre serão diferentes para cada ser vivente. Enquanto o computador entrou no meu espaço quando já contava com mais ou menos quarenta anos, Marcelo começou a usá-lo aos quinze e Antonio aos dez. E Letícia, minha neta, começou a interagir com este objeto de conhecimento aos três meses de idade.

Para cada um desses personagens, as oportunidades e ofertas circunstanciais diferem de uma maneira incomensurável e impossível de serem plenamente identificadas para efeito de diagnóstico e configuração de quadro relativo a possibilidades de desenvolvimento cognitivo e operacional. Isto porque nestas oportunidades e ofertas estão contidas características bio-psico-sociais únicas e personalíssimas, que se interinfluenciam e manifestam respostas diferenciadas para estímulos idênticos.

Ventava um pouco, as folhas moviam-se sussurrando, e, conquanto não fossem as mesmas do outro tempo, ainda assim perguntava-lhe: "Paula, você lembra-se do outro tempo?" Que esta é a particularidade das folhas, as gerações que passam contam às que chegam as coisas que viram, e é assim que todas sabem tudo e perguntam por tudo. Você lembra-se do outro tempo?

Machado de Assis

Poderíamos pressupor que, por ter começado mais tarde, por não ter me exercitado em *video game*, por não ter lidado com tantos outros equipamentos eletrônicos, as minhas possibilidades de desenvolvimento "no fazer" com o computador fossem menores que as de Marcelo, Antonio e Letícia. Isto realmente pode acontecer, mas nada pode garantir que realmente aconteça, porque a interação que é a ação entre, ocorre entre o sujeito que se lança e quer aprender o objeto de conhecimento. O repertório pessoal de experiências e conhecimentos é diferente entre os sujeitos e os sujeitos são diferentes entre si. Por este motivo, características pessoais de perseverança, persistência, paciência, curiosidade e interesse, entre outros, podem superar determinados obstáculos para o domínio de conhecimentos e o desenvolvimento de habilidades.

Vygotsky[3] afirma que "O aprendizado adequadamente organizado resulta em desenvolvimento mental e põe em movimento vários processos de desenvolvimento que, de outra forma, seriam impossíveis de acontecer".

O exercício é fundamental para que se supere dificuldades de desempenho. Não o exercício aleatório e impensado, porém o exercício reflexivo em que avalia, compara e reformula a *performance* pessoal.

Algumas habilidades físicas exigidas no fazer dificilmente conseguem superar a carência de exercícios necessários ao desenvolvimento em tempo hábil e idade adequada para a iniciação. É o caso dos atletas, músicos, dançarinos etc., porque, nesses casos, teríamos associados ao desenvolvimento

---

[3] VYGOTSKY, Lev Semyonovich. *A formação social da mente:* o desenvolvimento dos processos psicológicos superiores. Tradução: José Cipolla Neto, Luís Silveira Menna Afeche e Solange Castro Afeche. São Paulo: Martins Fontes, 1998.

> Como a dor se localiza no extremo oposto àquele em que se acha a alegria, fica evidenciado que os sofrimentos terminam quando se inicia a satisfação superveniente.
>
> Giovanni Boccaccio

cognitivo o desenvolvimento e aprendizagens relativas a agilidades e destrezas físicas inerentes ao desempenho de determinadas atividades.

Observo-me na utilização do *mouse* que era uma operação inusitada no meu repertório de conhecimentos e habilidades motoras. O seu uso pode ser automatizado, mas me exigiu e exige comportamentos cognitivos. Comparando-me com meu professor Marcelo e meu colega Antônio, sentia-me lerda e atrapalhada. A serenidade permitiu-me reconhecer minhas limitações e formular planos para lidar com elas e superá-las.

Além disso, é bom lembrar a observação sobre a lentidão como uma das características peculiares do envelhecimento.

Por outro lado, as posições definitivas e inquestionáveis são sempre preocupantes e lembrei-me de um trecho do livro "A Obra em Negro", de Marguerite Yourcenar[4], que reproduzo a seguir: "Simão Adriansen envelhecia. Ele o percebia menos pela fadiga do que por uma espécie gradual de serenidade."

Muito, muito exercício, fazer, desfazer e refazer.

Algumas questões devem acompanhar esse procedimento do fazer, para que haja avanço na *performance* pessoal:

- Como foi o meu desempenho?
- No que progredi?
- No que regredi?
- Quais as minhas principais dificuldades?
- Quais os fatores circunstanciais que influenciaram o meu desempenho?
- Quais os fatores pessoais que facilitaram ou dificultaram minha *performance*?

---

[4] YOURCENAR, Marguerite. *A obra em negro*. Rio de Janeiro: Rio Gráfica, 1986. (Sobre Zanon, personagem que viveu no século XIV, na Europa).

Não acredito que prazer, conselho e exemplo sejam obtidos sem sofrer-se aborrecimentos.

Giovanni Boccaccio

- Qual o nível de concentração que concedi à tarefa que me dediquei?
- Onde dispersei?
- Quais as consequências de minha dispersão?
- O que acolhi na avaliação feita pelo outro?
- O que rejeitei?
- O que devo modificar?
- Onde devo intensificar meus exercícios para fazer melhor?
- Que recursos pessoais posso utilizar para me auxiliar no meu fazer?

Aprender a fazer e o prazer

O aprender, o fazer e o prazer são idiossincráticos. Isto quer dizer que eles são relativos a cada indivíduo único e induplicável. O meu jeito de aprender é único, assim também o meu jeito de fazer e o que me causa prazer contém particularidades que somente a mim dizem respeito. E assim será. No que se refere a cada ser vivente, seremos biológica, social, cultural, espiritual e economicamente diferentes, vivenciamos histórias pessoais e grupais em tempos espaços e circunstâncias particulares, mesmo que vividas conjuntamente. Assim, o que é significativo e representa prazer para mim em um dado momento, necessariamente não representa prazer para outra pessoa.

Aqueles que enveredam no caminho do aprender a fazer ou desejam ensinar alguém a aprender a fazer, devem estar atentos para esta questão da relatividade adequada ao referencial particular de cada indivíduo.

Vencer obstáculos, construir conhecimentos, concretizar aprendizagens confere o sentimento de competência e de concretização de objetivos, mediante ações intencionalmente desencadeadas nesse sentido, que corresponde ao estado de prazer. Consegui, alcancei, fiz, realizei. O oposto é o sentimento de incompetência. Não consegui, não alcancei, não fiz, não realizei e corresponde ao estado de frustração e sofrimento.

Prazer ou frustração e sofrimento são relativos a cada ser humano em particular em uma dada circunstância, em determinado tempo e espaço.

Ao identificar minhas deficiências no uso do computador após algum tempo de exercícios, e ao procurar outro professor particular, colocá-lo a par de minhas necessidades, explicar-lhe sobre o meu estilo e ritmo de aprendizagem, buscava atingir a competência em operações básicas que me permitissem um domínio pessoal da máquina. Ao atingir este estágio não posso negar o estado de prazer alcançado, mas é preciso que se ressalte que essa conquista representou prazer para mim e é relativo à minha pessoa e particular trajetória de vida.

É possível que Marcelo ou Antonio rissem de tão insignificante feito ou não compreendessem o significado de realização que concedi a esse irrelevante acontecimento.

Os interesses deles possivelmente eram outros, em consequência de domínios diferentes e níveis de desenvolvimento cognitivo diferenciados em determinadas áreas de conhecimento.

Conforme fui interagindo com o objeto de conhecimento (o computador), o interesse foi se instalando e se diversificando. Foi prazeroso de início? Não, foi difícil, penoso e desconfortável.

Quando fui solicitada, em 2000, pela Consultec, para elaborar o projeto "Oriente-se: passos de uma orientação vocacional", para ser lançado via Internet em um programa

O interesse é solidário às estruturas construídas.
Piaget

interativo, confesso que toda a insegurança inicial se reapresentou. Conseguimos. Que desafio. Repetido em 2001, 2002, 2003 e 2004, esse projeto tem ajudado a milhares de jovens na definição de suas escolhas profissionais.

O ser humano funciona em movimentos de carga e descarga. Podemos exemplificar pela digestão, sentimos fome, nos carregamos de alimento, nos saciamos, mas precisamos descarregar o alimento ingerido. Sexualmente sentimos o impulso sexual, fazemos sexo, atingimos o orgasmo e, por um tempo, nos recarregamos de novas necessidades e impulsos. Para o sono, nos mantemos acordados, realizamos atividades que nos exaurem e exigem o repouso. O ápice da carga e sua correspondente descarga corresponde ao estado de prazer. Entretanto, a permanência de qualquer uma dessas situações de carga ou descarga gera desconforto e insatisfação. Só dormir, só comer, ou só fazer sexo exclui o estado de prazer, podendo-se dizer o mesmo em relação aos seus contrários.

A concretização de um determinado tipo de aprendizagem mediante procedimentos destinados para esse fim costuma gerar semelhantemente o estado de prazer. Prazer pela conquista, pelo avanço. Mas, da mesma forma, tal concretização impulsiona para uma nova conquista, uma nova ou novas aprendizagens.

Entretanto, devemos considerar o que nos sinaliza Alvin Toffler:

> Admite-se que a maior parte dos novos conhecimentos está muito distante dos interesses imediatos do homem comum que anda nas ruas. Ele não se intriga nem fica impressionado com o fato de que um gás nobre como xênon possa formar correspondentes – algo que até recentemente a maior parte dos químicos juraria impossível. Mesmo

que este conhecimento, venha a ter um impacto sobre ele, quando estiver incorporado a uma nova tecnologia, até que isso aconteça ele poderá se dar o luxo de ignorá-lo. Uma boa parte dos novos conhecimentos, por outro lado, está diretamente relacionada com suas preocupações imediatas seu emprego, sua política, sua vida familiar, até mesmo seu comportamento sexual.[5]

O mesmo autor acrescenta:

A aceleração das mudanças [...] reduz a duração de muitas situações. Isto não apenas altera de forma drástica o seu "sabor", mas acelera sua passagem pelo canal da experiência. Comparadas com a vida numa sociedade em processo mais lento de mudança, mais situações se encontram agora em fluxo através desse canal em qualquer dado intervalo de tempo – e isto implica profundas mudanças na psicologia humana."[6]

Cada indivíduo deverá procurar identificar em si mesmo o que, quando e de que forma o fazer lhe propicia prazer.

É obvio que nem sempre podemos escolher aquilo que queremos fazer, entretanto, como o aprender a fazer transforma-se, a cada dia, numa necessidade de sobrevivência, podemos aprender sobre recursos e mecanismos que podem enfeitar ou tornar pessoalmente prazerosas determinadas tarefas que se impõe como insubstituíveis e necessárias, para que não nos tornemos marginais sociais pela ignorância de utilização de códigos, símbolos, equipamentos, linguagens e novidades que são introduzidas no cotidiano social e que, por vezes, substituem definitivamente formas análogas anteriores. Isto acontece do fogão ao mais sofisticado equipamento

[5] TOFFLER, Alvin. *O choque do futuro*. 2. ed. Rio de Janeiro: Editora Record. p. 135.
[6] Ibid.

Que este horrível começo não seja, para vocês, senão igual a uma montanha inóspita e íngrime, para os viandantes; ao pé da montanha, suponha-se uma bela e encantadora planície: esta será, aos seus olhos, tanto mais agradável quanto maior tiver sido a aspereza da ascensão e da descida pelas encostas.

Giovanni Boccaccio

eletrônico, dos tecidos às embalagens, dos produtos de limpeza aos alimentares, da gíria das tribos às linguagens técnicas.

Como, então, enfeitar, ou tornar pessoalmente prazerosas determinadas tarefas que se impõem como insubstituíveis e necessárias?

Este é um aprender a fazer personalizado. Deverá fazer sentido com o mundo pessoal de cada indivíduo. Eu, você, cada um de nós deverá procurar elementos e variáveis que, direta ou indiretamente, minimizem o peso do fardo a ser enfrentado pela exigência do novo aprender a fazer. Dessa maneira existem infinitas possibilidades que podem ser:

- associar as atividades a serem aprendidas à metas de realização pessoal no campo afetivo, *status*, financeiro, espiritual;
- tornar o ambiente harmônico, agradável, bonito;
- lembrar-se de fatos positivos e animadores de ordem pessoal;
- adequar a utilização do tempo disponível ao ritmo pessoal de aprendizagem;
- usar, se possível, músicas significativas;
- dimensionar pessoalmente níveis de dificuldades a serem vencidos gradualmente na atividade enfrentada;
- oferecer-se compensações gratificantes de acordo com os progressos conquistados;
- refletir sobre o fazer, valorizando os atos reflexos, mecânicos, intuitivos e cognitivos. Todos são igualmente importantes para o aprender a fazer e representam os diferenciais encontrados nos desempenhos pessoais;
- dar um sentido pessoal ao fazer em qualquer esfera ou dimensão em que ele aconteça;
- entender a posição daquele fazer em uma cadeia de relações sociais, culturais, econômicas e políticas e verificar a sua importância;

- imaginar o que a ausência daquele fazer traria como consequências ao grupo social ao qual pertenço e a mim, em especial.

Aprender a fazer e o perfeccionismo

Muitas pessoas, ao fazerem a apresentação de si mesmas, enumeram suas principais qualidades e defeitos. Dentre as qualidades, incontáveis vezes, registram o perfeccionismo.

Para esta característica pessoal seria conveniente que se visasse posturas de alerta constante e vigília permanente. Inegavelmente se deve procurar a perfeição no desempenho, contudo o perfeccionismo geralmente encontra-se impregnado de negação ao potencial de aprendizagem do outro e de restrição pessoal ao possível desenvolvimento e atualização de cada indivíduo.

O perfeccionismo pode representar um potencial inimigo da exigência de sobrevivência que é o aprender a fazer. Inimigo para quem aprende e para quem ensina.

Para quem aprende e ensina é interessante retomar a ideia que a aprendizagem é comumente desestabilizadora. Ela ameaça a situação de estabilidade e conforto e gera em consequência o sentimento de medo naquele que se vê prestes a ter que mudar. Era feito de uma forma, terá que ser feito de outra. Era visto de um jeito, terá que ser visto de outro.

O perfeccionismo pode funcionar como um inibidor pessoal de desenvolvimento porque, ao fazer algo em um nível considerado particularmente perfeito, o indivíduo dá-se por satisfeito e, ao ser compelido para nova experiência, cujos resultados de desempenho pessoal são imprevisíveis, ele se imobiliza, pois o não ser perfeito em sua *performance* é uma possibilidade que rejeita e o impele à estagnação. Seria "sou perfeito no que faço e não aceito desafios para novidades".

Além disso, a autoexigência da perfeição pode se transformar em um catalizador de frustrações e queda no sentimento de autoestima sempre que o desempenho não corresponder aos parâmetros idealizados.

Extrair elementos da prática do fazer constitui-se em aprendizagem essencial para que o perfeccionista não se transforme em um refém de si mesmo. Em determinados casos, atividades que cobram certas características físicas impõem modificações ao longo dos anos em decorrência do declínio na agilidade, ritmo e condições peculiares a determinadas faixas etárias.

O ponto de equilíbrio para persistir ou mudar o rumo do fazer ficará condicionada a uma análise que pode ser sintetizada nas seguintes questões:

Não estou fazendo por que:

- desejo apresentar uma produção acima de qualquer crítica?
- temo me expor ao ridículo?
- minhas condições físicas não correspondem às exigências peculiares a este fazer?
- não quero mudar o meu tipo de fazer?
- não quero recorrer a qualquer possível forma de ajuda ao meu fazer?

Para o perfeccionista, que ensina ou utiliza os fazeres alheios, uma observação se faz fundamental: o nível de exigência é relativo a cada universo pessoal, isto é, cada sujeito se satisfaz e considera algo adequado e satisfatório em consonância com sua cultura, seu grupo social, suas experiências e suas características biológicas.

O orgulho por ter sido premiado como Chefe de Cozinha na França iluminava toda a fisionomia de Juarez, agora responsável pela formação de jovens aprendizes dessa profissão, no SENAC. Semianalfabeto, ele era, entretanto, um talento na arte de fazer saborosas e requintadas criações culinárias. Exigentíssimo, Juarez queria que seus jovens alunos se comprometessem e memorizassem toda a terminologia, as nuances, os detalhes peculiares desse conhecimento específico, repleto de sutilezas que requerem sensibilidade, cognição e múltiplas habilidades, em tempos mínimos. Não se conformava com erros ou deslizes de seus aprendizes que, assim como o mestre que queria ensinar, eram bem intencionadas e queriam aprender.

Qualquer que seja a obra ou produto, ou ideia, eles sempre poderão ser aprimorados. Entretando, toda aprendizagem comporta medo.

Nesse enredo, eu participava como responsável por um projeto audacioso e desafiante: ensinar mestres no fazer a ensinar o que sabiam aos jovens aprendizes.

Como fazer para com que Juarez conseguisse transmitir o que sabia para aqueles jovens?

Vali-me de seus históricos: suas origens, seus mestres, suas experiências, suas aprendizagens, suas comidas, suas músicas, suas casas e suas pessoas. Cada um devia lembrar-se desse universo pessoal. Contá-los e compará-los foi outro passo. Descobriram o quanto eram diferentes e como os conhecimentos que traziam em suas caminhadas eram variados e diversos. Em consequência dessa variedade e diversidade, suas expectativas e exigências não coincidiam. O percurso de um não era o percurso do outro. O mesmo acontecia com as experiências e aprendizagens: o que um, por vezes, dominava, o outro nunca ouvira falar.

O que era dado por certo e recomendável para um, por vezes, não correspondia ao certo e recomendável do outro.

Lembro bem que, na Bahia, um dos aprendizes morava em uma casa sobre palafitas, e em sua moradia não havia água encanada, esgoto, banheiro e nem tampouco fogão. Sua avó cozinhava em um fogareiro. Ele prestava muita atenção ao que ensinava o Mestre Juarez, que explicava como se faziam flambados utilizando-se os *réchauds*. Termos, utilizações e receitas que já faziam, há muito tempo, parte do repertório de conhecimentos de Juarez, que os dominava e partia do pressuposto enganoso de que, ao ensinar, reproduzindo termos e receitas, os seus aprendizes teriam decalcado em seus pessoais repertórios de conhecimentos, aquilo que cheio de boa vontade lhes transmitia verbalmente. Nesses meandros existem particularidades, aspectos, filigranas, falsetas que devem ser respeitadas, consideradas e esmiuçadas, para que se tenham efetivas aprendizagens. Encontrar a correspondência entre o que poderia significar "flambado" e *réchaud* no repertório daquele aprendiz seria uma primeira iniciativa por parte de Mestre Juarez para acertar o passo e entrar em sintonia num processo conjunto de ensino/aprendizagem. Identificar o nível de exigência daquele aprendente corresponde a outra ação fundamental para que se demonstre a possibilidade de outros tipos de exigências relativas a outras pessoas, culturas e grupos. Assim, o fogareiro foi a ponte para se chegar aos *réchauds*, e os panos brancos engomados e impecáveis da avó do jovem aprendiz, a conexão para os detalhes exigidos por outras culturas a serem atendidas mediante a prestação de serviços.

Constatações desse tipo em muito ajudaram, dinamizaram e permitiram que todos, naquele grupo de Mestre Juarez, se integrassem e percebessem o quanto tinham para ensinar e aprender entre si. O Mestre Juarez descobriu que ele mesmo havia percorrido um longo caminho para chegar à sua arte.

Desprezo a preguiça, assim como desprezo a fraqueza e a apatia dos movimentos da alma. Para viver bem, como um homem digno desse nome, é preciso trabalhar, trabalhar com amor, com fé.

Anton Tchekhov

Aprender a fazer e o trabalho

O fazer comporta uma íntima ligação com o trabalho e aí encontramos uma teia de variáveis que influenciarão de formas esperadas, inesperadas e inimagináveis o fazer de cada indivíduo.

O fazer intelectual historicamente sempre foi considerado nobre, dignificante e privilégio das classes economicamente mais favorecidas.

No Brasil, isso não acontece de forma diversa. Alguns registros históricos são bastante elucidadores de certas posições culturais assumidas em relação ao fazer manual ou ao que comparte habilidades físicas, quase sempre considerado, em uma escala hierárquica, mais ou menos honroso, a depender do tipo de cultura e dos valores peculiares a determinadas regiões e grupos sociais. Mas, na própria legislação educacional identificam-se posições nitidamente desfavoráveis ao trabalho.

Torna-se extremamente difícil dissociar e pensar-se em atividades independentemente cognitivas. A interação com o objeto do conhecimento implica em uma multiplicidade de ações no âmbito cognitivo, reflexivo e prático. Assim, jamais poderemos considerar que o ato de cozinhar, por exemplo, restrinja-se a uma mera operação mecânica, manual e que independa de raciocínio, lógica e associações cognitivas múltiplas. Além disso, ingenuamente, pode-se achar que cozinhar seria pegar uma receita, separar os ingredientes e seguir à risca o que se encontra ali indicado. Não, é muito, muito mais que isso. Os ingredientes, o clima, as texturas, os utensílios, os consumidores, os operadores e o imponderável se apresentam em estados diversos. Observar as possíveis combinações daí

Mas, dentre todas as ousadias, a mais chocante talvez foi aquela que, dizia-se, o levara a avaliar a nobre profissão de médico e consagrar-se de preferência à grosseira arte da cirurgia, que lhe sujava as mãos de sangue e pus. Nada podia substituir se um espírito inquieto afrontava assim a boa ordem e os bons costumes.
Marguerite Yourcenar

originadas, os produtos resultados e os consequentes resultados obtidos em termos de aprovação ou desaprovação por parte dos consumidores exige um verdadeiro trabalho que implica em raciocínio lógico, associações e projeções, dentre outros requisitos por parte do operador, de quem fez. Uma mesma receita, com os mesmos ingredientes, nunca apresenta um mesmo resultado. Os resultados podem ser semelhantes, porém nunca iguais. Mesmo que sejam muito semelhantes e oferecidos a um mesmo consumidor, podem obter avaliações diferentes a depender do estado físico e emocional do consumidor e das circunstâncias em que sejam consumidos.

Oferecidos a consumidores diferentes, as possibilidades de aprovação e desaprovação são infinitas, pois nestas situações somam-se as variáveis do produto oferecido, mais ou menos semelhantes (porém nunca igual), às variáveis (estado físico e emocional) dos próprios sujeitos que consomem ou compartilham desse fazer, mais ou menos semelhantes. Reforço entretanto: nunca iguais.

Ao refletir sobre minha existência, constato a permanência da divisão: ora no campo, ora no mar; sempre, desde pequena; na juventude, como adulta e agora, em plena maturidade. Ora clima tropical, ora clima temperado; ora metrópole, ora província. Em todos esses tempos e lugares venho desenvolvendo atividades consideradas, no senso comum, como intelectuais ou manuais e domésticas. O piso de madeira de lei, na ampla cozinha da fazenda, recendia a asseio e asséptica limpeza.

Tudo era impecável e o clima frio fazia aumentar a aparência e a sensação de cuidados permanentes com a higiene. O brilho da chapa do fogão à lenha, areada com palha de aço, parafina e papel alumínio colecionado das embalagens de

95

> Depois que descobri que cozinhar é uma forma de arte, não parei mais.
> Brad Pitt

cigarro, era maculado com os respingos que escapavam das panelas ou frituras que acompanhavam o ritual do fazer os quitutes puros e sadios, próprios da vida campesina.

As verduras frescas e tenras, colhidas na horta misturavam-se com os balaios de ovos, vasilhas de farinha de trigo, de milho, arroz, feijão e banha, todos fartos e crioulos. As carnes eram colocadas nas gamelas, cuidadosamente esculpidas em madeira grossa e escura. Na quina da cômoda, que ficava junto ao fogão, um varal expunha os salames, os charques e os toucinhos que tomavam um sabor defumado.

Nesse espaço, nesse clima, aproveitando esses ingredientes aconteceu minha iniciação na arte culinária. Aprender primeiro a fazer o fogo no fogão à lenha, depois a executar os ensinamentos conforme o que indicavam as mestras, que eram minhas avós, minha mãe, tias, primas, Tia Nana, Dena e os ajudantes. Não se assustem, eu devia ter mais ou menos dez anos de idade. Ainda bem que a fartura era muita, porque muitas gororobas foram produzidas e acrescidas à lavagem destinadas aos porcos.

Hoje sei o que faço nesse delicioso terreno da culinária. Tenho plena consciência das associações que estabeleço com experiências precedentes, comparo texturas, consistências, tempos, temperaturas, resultados, consequências de determinados procedimentos e cada vez mais me dedico à observar, pesquisar e reconhecer meus próprios movimentos de utilização de mecanismos cognitivos, como memória, abstração, lógica, criatividade e interesse, alternando-se na prática do fazer.

A divisão a que me referi como característica de minha existência oferece especiais oportunidades para o estabelecimento de analogias e identificação da diversidade de elementos que podem interferir em uma empreitada culinária.

Quando os consumidores das minhas especialidades são submetidos à mesma divisão a que me referi, ora campo, ora mar, ora metrópole, ora província, ora clima tropical, ora temperado, põem-se a comparar a qualidade e avaliam os pratos por mim elaborados, costumo fazê-los refletir sobre o clima, o espaço onde eles acontecem, a natureza dos ingredientes, as histórias de vida e os momentos circunstanciais de fazedores e consumidores, e sobre suas diferenças. Como comparar uma salada feita com verduras frescas colhidas da horta, sem agrotóxicos, ou um bolo feito com ovos de quintal, leite puro e natural com os mesmos alimentos feitos na cidade? Por outro lado, como comparar um peixe de mar, trazido por César, como um dos triunfos de seu mergulho, e preparado, em Salvador, por Almerinda, nascida, criada junto ao mar e discípula de grandes mestres da culinária baiana, com um prosaico peixe grelhado por mim na interiorana Campos Novos?

Das lembranças gastronômicas de João Miguel, a melhor era a do pastel do Ari. Sabor inexcedível, justificavam sua preferência pela iguaria e faziam-no eterno parâmetro de qualidade. Ser mais ou menos parecido com o pastel do Ari constituía uma escala de avaliação utilizada para avaliar pastéis.

Voltar depois de muitos anos à mesma cidade, ao mesmo bairro, ao mesmo bar e pedir, sem limites de valor e quantidade, os mesmos pastéis era sonho acalentado ternamente. Sonho que se concretizou. Melhor teria sido não ir. O pedido foi feito com a reverência que exigia o momento:

– Três pastéis e um guaraná Mineirinho.

Despudoradamente o gosto daquela iguaria não correspondia ao que o seu paladar gravara em sua memória.

Não cedeu aos impulsos impiedosos que o impeliam a vociferar contra o cozinheiro. Simplesmente arredou o prato com os dois pastéis e o resto daquele que foi apenas provado. Sentiu então o gosto perverso da decepção.

O que mudou? Possivelmente a receita, os ingredientes, o clima, os fazedores, as circunstâncias e com certeza o consumidor.

Aquilo que se disse em relação ao fazer – cozinhar – se aplica a todo e qualquer fazer, feitas logicamente as devidas adequações. Cito, por exemplo: dirigir, dançar, cantar, arrumar uma cama, recolher lixo, limpar uma fossa, construir uma ponte, pregar botões, varrer uma casa, lavar louça, corrigir provas, discursar, escrever, digitar, navegar na Internet, montar um equipamento eletrônico, executar um eletroencefalograma, plantar milho, aplicar dinheiro no mercado financeiro, podar uma árvore, tosar o pelo de um animal, manusear controles de uma torre de tráfego aéreo, acrescentar-se quantos mais fazeres se queira ou pense.

Uma grande companhia alimentícia nos EUA lançou orgulhosamente uma massa para bolos que economizava trabalho, mediante o simples acréscimo de água. A companhia ficou surpresa quando as mulheres rejeitavam o produto, preferindo misturas que exigiam um trabalho extra – a adição de um ovo além da água. Ao introduzir o ovo em pó em seu processo de fabricação, a companhia simplificou por demais a tarefa da dona de casa, privando-a do senso de estar participando criativamente do processo de assar o bolo. O ovo em pó foi rapidamente eliminado e as mulheres voltaram, felizes, a quebrar seus próprios ovos. Mais uma vez o produto foi modificado para fornecer um benefício psíquico.

Alvin Toffler

Aprender a fazer e o lazer

A palavra lazer vem do latim *licere* e significa "ser lícito", mas seu significado abrange os sinônimos ócio, descanso, folga, vagar. Confunde-se até mesmo com o senso de prazer e da volúpia.

É conhecida a história do jardineiro trajado com sua roupa domingueira que, ao passar pela casa do seu patrão, um famoso escritor, em um dia de domingo, o viu usando roupas muito velhas e um imenso chapéu para se proteger do sol. Além do traje inesperado, o espanto do jardineiro intensificou-se ao constatar que seu ilustre patrão encontrava-se no jardim, curvado, e com o auxílio de uma enxada remexia a terra e arrancava as ervas daninhas e o capim que ia encontrando por entre as roseiras e lírios de um canteiro. Ora, se aquele era o seu trabalho, se perguntou o jardineiro, o que estava a fazer ali o seu patrão? Não se contendo em sua curiosidade, em alto e bom som perguntou?

– Chefe, o que está fazendo aí? Não está bom o meu serviço?

– Claro que está. Você é caprichoso em seu trabalho. Tanto, que tem pouca coisa para fazer. Mas, como hoje é domingo, estou descansando e lidar com a terra na minha folga me distrai e faz bem.

Estranho esse povo, pensou o jardineiro, e continuou seu passeio.

Passado uns tempos, em um feriado, o escritor precisou recorrer ao jardineiro para retirar os galhos de uma árvore que despencaram com o vento à noite e estavam empatando a entrada da frente de sua casa. A queda desses galhos comprometera também o funcionamento de seu telefone. Assim, decidiu ir à casa do empregado.

Ao toque da companhia, a mulher do jardineiro, além de abrir a porta, fez as honras da casa, sinalizou para que o patrão entrasse na sala, manifestando com risos, gestos e falas sua alegria pela inesperada visita.

O jardineiro estava à mesa rodeado de revistas, papéis, lápis e alguns livros, absorto e dedicado em seus escritos.

Ao cumprimentá-lo, o escritor, espantado com o que via, indagou:

– Mas, o que faz você aí, hoje, em pleno feriado?

– Estou descansando, chefe. O serviço na terra, plantando, adubando, carpindo e regando me cansam e lidar com essas coisas de cabeça me deixa novo em folha para enfrentar o batente.

Sem dúvida, são lícitos, importantes e necessários: o ócio, o descanso, a folga e o vagar. Em um trajeto que se passe pela bíblia, pela legislação trabalhista e por manuais antiestresse essa recomendação se faz presente. O fazer precisa ser alternado com o lazer.

Pensa-se em lazer como num tempo definido: fins de semana, feriados, férias, à noite depois do expediente ou na hora do almoço. Necessariamente isto não precisa acontecer dessa forma.

O território do lazer é impreciso em termos de definição, de tempo e de espaço. Primeiro porque, como vimos na historinha do jardineiro e do escritor, o que é lazer para uma pessoa pode não ser para outra. Depois, mesmo que se trate de uma mesma pessoa, em um dado momento, uma mesma atividade pode ser identificada como lazer e em outro, não. E ainda, em determinados espaços, certas atividades podem ser encaradas como trabalho e, em outros, essas mesmas atividades podem transformar-se em lazer.

Quando vejo aquelas fotos de jovens enclausurados em cubículos, com fones nos ouvidos, olhares atentos nos computadores, exercendo seu fazer na era cibernética, pergunto-me até onde estão se vendo como um sistema integrado, no qual tudo tem a ver com tudo. Até onde estão atendendo seu funcionamento bio-psico-social?

Penso também naqueles que empregam, criam empregos e dinamizam o fazer coletivo. Sabe-se de organizações preocupadas com essas questões inerentes ao ser humano. Criam momentos de relaxamento, alongamento, ginástica, música e outras programações com o intuito de despressurizar essas verdadeiras bombas humanas em que se transformam profissionais submetidos a práticas funcionais que agridem a natureza humana em sua capacidade de aguentar tamanha agressão à sua estrutura. Isto não acontece somente nos cubículos, mas em outros espaços em que a competição selvagem, o desrespeito e outras mazelas ativam verdadeiros equipamentos humanos prontos para explodir.

A realidade social atua diante do desemprego e a crise político-econômica conduz à aceitação de situações funcionais desumanas. E não pensem somente no trabalho escravo denunciado em regiões longínquas e inóspitas. O trabalho escravo existe muito proximamente quando vinga o desrespeito e a negação do humano.

Ao se realizar atividades por demais desgastantes pode-se recorrer a infindáveis e variados recursos para afrouxar as tensões e suprir-se de novas forças que nos impulsionam no fazer.

Quais seriam esses recursos? Inicialmente lembrando-se da historinha do escritor e do jardineiro, isto é, identificando o que funciona realmente para si mesmo o fazer no sentido de trabalho e o lazer no sentido de descanso, lembrando-se da alternância nesse processo.

Fazer trabalho *versus* fazer lazer é essencial e necessário ao funcionamento pleno do organismo humano. Tanto o lazer quanto o trabalho terão resultados mais produtivos e eficientes quando se respeita essa característica peculiar às pessoas, levando-se em conta suas individualidades.

Em cargas muito pesadas no campo profissional, seja qual for a área de atuação, os objetivos acompanhantes podem representar lenitivo e bálsamo regenerador de energias para se recompor física, emocional e espiritualmente para continuar a jornada. O que são objetivos acompanhantes? As lembranças – "O pensamento parece uma coisa à toa. Mas como é que a gente voa quando começa a pensar."[7] Em segundos, elas podem situar-se em acontecimentos, passagens, pessoas, espaços, tempos, objetos, animais que representam estados de bem estar, tranquilidade e nos impregnam de forma a alterar o funcionamento de nossa engrenagem pessoal.

As agendas dos adolescentes representam uma especial lição que se torna esquecida quando nos tornarmos adultos. Prevalece a ideia de que correspondiam a um sinal de imaturidade por suas múltiplas colagens de fatos, desenhos e representações. Sim, e porque não adequá-las ao mundo adulto? Podem-se adicionar fatos e outros registros pessoais em *laptops*, agendas, *palmtops*, computadores e espaços de atuação, simbolizando o que nos é particularmente significativo e cuja simples e rápida passagem do olhar se traduzem com uma respiração saudável, fazem com que nossos

---

[7] FELICIDADE. Intérprete: Caetano Veloso. Compositor: Lupicínio Rodrigues. *In:* Temporada de Verão, Intérprete: Caetano Veloso, 1974. 1 CD, faixa 4.

batimentos cardíacos retornem num compasso adequado e nos fazem sentir que temos um patrimônio interior e pessoal ao qual podemos recorrer, ir e vir sem fronteiras.

O ritual de organização de minha agenda pessoal se renova a cada ano que se inicia. Agora já tenho os endereços em arquivos de meu computador. Basta atualizar os dados e anexá-los à nova agenda. Os primeiros dias do ano costumam ser para mim mais desafogados de compromissos profissionais; lanço-me então nesse trabalho. Trabalho? Não sei. Acho que funciona mais como lazer. Ao revisar os endereços, alguns são retirados porque seus usuários morreram ou os vínculos profissionais ou relacionais se desativaram nesse período. Aí se dá um verdadeiro e reflexivo balanço de vida relativo ao ano que se encerra, com projeções para o ano que se inicia.

Costumo reproduzir cópias dos fatos mais significativos do ano anterior e de outras datas importantes e colá-las em páginas e datas estratégicas, de acordo com o sentido particular que tem para mim. Agora vejo e sinto. Não é trabalho; com certeza é lazer. Ou seria um trabalho descansante? Ou um lazer trabalhoso? Como me faz bem! Depois de concretizada, sinto-me provida para enfrentar o que der e vier.

Colo também algumas orações já disponíveis em arquivo. Esboço um planejamento inicial e, durante o ano, vou agregando outros "objetos acompanhantes" recheadas de muitos outros. Durante algumas reuniões densas e conflituosas, percebo-me, às vezes, abrindo aleatoriamente minha agenda numa fração de segundos. Ao retomar a atenção ao tema foco da reunião, parece que minhas ideias e posições emergem com maior clareza e objetividade.

Avôs, pais, netos, filhos, piqueniques, falas, gestos, falas, reconhecimentos, amor, carinho, espiritualidade, risos, lágrimas, orações, comidas, cheiros, palavras, músicas, lugares, olhares, toques, enfim, cada um de nós dispõe de um mundo próprio que pode nos garantir suporte para prosseguirmos revigorados em nosso fazer cotidiano. Todos esses sujeitos, aspectos, fatores e elementos podem transformar-se em pessoais "objetos acompanhantes". Chegar até eles é rápido. Em milésimos de segundos pode-se revistá-los. Revigorados e prontos para a retomada.

É correto lembrar que existem histórias pessoais pesadas, difíceis de serem digeridas e que representam um fardo indesejável cuja revisita é penosa e não resulta em combustível capaz de incrementar a dinâmica pessoal. Mais um motivo para se conectar consigo mesmo e verificar se os aspectos negativos não se encontram maximizados ou pinçados com maior intensidade e exclusividade, ou ainda, se não se torna necessário recorrer-se à ajuda de um especialista ou a uma terapia. Nesses casos e em muitos outros, o "objeto acompanhante" personifica em um sujeito, lembrando-se sempre da importância dos aspectos de autogerência, compromisso com o livre arbítrio e independência pessoal. Qualquer procedimento que nos torne dependentes deve ser objeto de reflexão pessoal e avaliação em termos de consequências positivas ou negativas para a integridade, dignidade e crescimento pessoal, bem como em função do bem comum.

Muitos indivíduos, incapazes de suportar o fardo de exigências profissionais, tomados pelo desconforto, recorrem a diferentes drogas ou vícios. O uso de cocaína, álcool e outras substâncias por artistas e outros profissionais como reforço para enfrentar reuniões, apresentações ou solicitações desafiadoras é sabido e divulgado em livros, filmes e outras fontes. Também somos submetidos a situações estressantes similares, nos vemos, às vezes, fragilizados e tentados à submissão.

Aqui recorro ao patrimônio pessoal que nos é concedido: a possibilidade de escolha e a decisão. Mesmo quando não escolhemos e decidimos, em circunstâncias desse tipo, escolhemos e decidimos. Escolhemos e decidimos que outras pessoas escolham e decidam por nós. Abdicamos da força vital que existe em nós, deixamos que a fraqueza tome conta de nós. Passamos uma procuração para que outros homens tomem as rédeas da condução de nossa existência. Passamos a depender de algo ou de alguém, cujos efeitos, rumos e consequências são imprevisíveis, inesperados. Desisto de mim mesmo e desacredito de minhas capacidades pessoais. Aposto no outro e não em mim mesmo.

Quando quadros desse tipo se delineiam, é bom lembrar que fomos aquinhoados com múltiplas capacidades, habilidades e inteligências. Ninguém nasceu para fazer uma coisa só. Os caminhos nunca são únicos e lineares. Cada um pode avaliar e verificar em si mesmo as potências não exploradas e prontas para serem desenvolvidas e trazerem retornos de eficientes fazeres. Eu nasci para ser isto ou aquilo e somente isto ou aquilo podem ser afirmações e credos inviabilizados da realização pessoal e profissional.

Diante da certeza da mutação perene em cada um de nós como pessoas e de todo o contexto socioeconômico e político que nos cerca, ampliar as possibilidades pessoais de fazer, além de ser evidente sinal de sabedoria garante a sobrevivência digna. Assim, de repente, pode até acontecer que o trabalho vire lazer e vice-versa. Um verdadeiro jogo. E por falar em jogo, vamos desvendar o que tem ele a ver com o aprender a fazer na seção a seguir.

Aprender a fazer e o lúdico

A diversão, o brinquedo, o jogo estão contidos no pensamento referente ao lúdico. Aqui também cabe a associação com o prazer.

O trabalho, a obrigação, as tarefas, as empreitadas estão contidos no pensamento relacionado ao fazer.

Por que não se pensar no trabalho, na obrigação, nas tarefas e nas empreitadas feitas com prazer, envolvendo toda a ludicidade que se possa imaginar?

O jogo tem uma característica essencial. Ela se situa no âmbito do ganhar ou perder. Empatar – nada feito; não tem graça e ninguém quer. Somente quando implica em ganho ou perda consequente, passa a interessar.

Introduzir o ganhar e o perder na aprendizagem do fazer impõe-se como decisão pessoal, que pode ser incentivada por mestres da vida.

Esse procedimento, que pode ser aprendido e desenvolvido, está intimamente ligado a cada indivíduo e a sua maneira particular de tratar o sim e o não que aparecem a todo dia, a toda hora, a todo minuto, a todo segundo.

Aliás, o ganhar e o perder o jogo é inerente ao trabalho, ao aprender e ao fazer. Apenas, na maioria das vezes, ele não é identificado e consequentemente não é pensado e utilizado em benefício pessoal e coletivo.

O pensamento behaviorista que apregoa a relação de estímulos negativos para respostas indesejáveis, em função do condicionamento humano, embora questionado em sua aplicação, não pode ser negado quanto a sua pertinência comportamental. Temos aí o jogo do sim e do não. Do prêmio e do castigo. Ele existe, integra a vida. Cada um de nós pode identificar em seus espaços de fazer quantos jogos ocorrem simultaneamente. A ideia lançada, acolhida ou rejeitada pelo grupo, pelo líder, as reações diante do sim ou do não. Algumas das questões que podem servir de roteiro para que se esboce um mapa do jogo funcional são: quem ganha, quem perde, quem se conforma, quem reage, quem concilia, quem agrega, quem se retrai, quem faz acordos, quem recorre a estratégias diferentes, quem blefa, quem escamoteia, quem se reorganiza, quem replaneja, quem dá chance aos parceiros, quem esquece que o outro existe. Esse jogo se aplica a qualquer espaço, contexto e tempo em que se reúnam duas ou mais pessoas com o objetivo de fazer algo; daí a necessidade de aprender sobre o fazer coletivo. Recentemente, em uma entrevista, me perguntaram sobre as dinâmicas de grupo na escola. A seguir, reproduzo a pergunta e a minha resposta, fazendo a ressalva de que o que foi dito aí pode ser estendido para qualquer lugar onde se pretenda ensinar algo.

– As dinâmicas de grupo ajudam na escola?

– Recentemente ministrei uma disciplina em um curso de Pós-graduação, em Salvador, cujo nome seria Dinâmicas de Grupo e Técnicas de Ensino. Solicitei à coordenadora do curso a mudança desse título para Dinâmica de Grupo e Técnicas de Ensino. Na verdade, seria somente a retirada de um s, passando o título para o singular. Vou explicar o porquê do meu pedido: cada grupo tem uma dinâmica, um movimento especial. A soma das partes não corresponde ao todo. Quando se forma um grupo processa-se uma "química" entre os sujeitos que o integram.

Isso é curioso e o professor deve estar atento para decifrar o que resulta desse conjunto de sujeitos colocados em um espaço, num determinado tempo, para desenvolverem atividades específicas. Ele poderá descobrir muito sobre cada um dos integrantes do grupo, sobre o grupo e sobre ele mesmo. É interessante lembrar que um mesmo grupo tem um comportamento com determinado professor e outro, com outro professor. Os conhecimentos sobre como lidar com o grupo e suas relações constituem-se em um pré-requisito para a aplicação de técnicas de ensino.

Quanto às "dinâmicas de grupo", encontramos inúmeras publicações que tratam do assunto, apresentam sugestões, roteiros e esquemas; são preciosos e interessantes recursos. Como o próprio nome sugere, dinamizam o grupo que se submete à aprendizagem. Contudo, se o professor não tiver o respaldo de conhecimentos sobre a dinâmica do grupo, os resultados podem ser nefastos, gerando situações ridículas, constrangedoras, inibidoras e desconfortáveis para os integrantes do grupo.

Reportando-se à família, pode-se verificar o quanto a presença ou a ausência de um ou mais integrantes altera o ânimo e a produção desse grupo, o quanto a composição diferenciada do grupo faz com que alguns de seus integrantes se sobressaiam ou retraiam, o quanto um elemento tem poder de fazer vir à tona características positivas ou negativas de outra(s). É fantástico! Basta deter-se na observação, reflexão e confrontações que emergirão constatações óbvias, que já se faziam presentes, mas até então não se havia atentado para elas um legítimo aprendizado de aprender a fazer a lida com o grupo.

Pensamos no lúdico, no jogo, na diversão, facilitando ou emperrando fazeres entre duas ou mais pessoas. Entretanto, é preciso estreitar mais essa compreensão.

O jogo se faz presente no aprender a fazer pessoal, ou seja, jogamos com nós mesmos. Ao nos lançarmos em qualquer que seja o fazer, temos possibilidades de sucesso ou de fracasso. Podemos acertar ou errar, ganhar ou perder. A forma de lidar com essas possibilidades pode representar a alavanca para o desenvolvimento pessoal, ou ao contrário, obstáculo intransponível e elemento de estagnação individual.

A tendência a prosseguir, desanimar ou desistir diante de resultados positivos ou negativos está intrinsicamente relacionado a cada um de nós como seres humanos únicos, com seu particular jeito de ser, bem como com a história que nos é própria em um tempo e lugar.

Essa relação vincula-se à aprendizagem e à perda. A perda é o não. O não é a morte. Desejamos a vida, a sobrevivência. Deparar-se com a morte de uma iniciativa, de uma ideia pode representar o descrédito na existência. Ou ao contrário, pode desencadear, pelo inconformismo, com a negação, ações complementares e alternativas para a obtenção do sim.

Costumo dizer que se pudesse vacinaria as crianças ainda no ventre materno contra a perda. Quando elas nascessem já estariam imunizadas. A existência comporta perdas e ganhos também. O jogo está lançado em nossa estreia na vida. Sins e nãos se sucedem e alternam.

O resultado do jogo pode ou não ser inexorável. Alguns podem ser recuperados e revertidos em ações posteriores, outros são irreversíveis. Então é preciso aprender a conviver em determinados casos com a perda, pois a morte e o não, existem.

No aprender a fazer são incontáveis as oportunidades de aprendizagem do não. Do sim, também. Esse é mais fácil e confortável, é o desejável. Entretanto os indivíduos serão mais seguros e possíveis enfrentadores das adversidades quanto mais encarar, e não fugir ou negar, as possíveis aprendizagens que se farão presentes no exercício do viver.

Essa prática de aprendizagem do não como parte integrante do jogo da vida pode ser exercitada nos mais prosaicos acontecimentos, desde a mais tenra idade.

O fazer, o desfazer, o refazer. Tentar fazer algo, dar certo, dar errado, fazer de novo. Exercício para preparar vencedores, ou melhor, vivedores corajosos.

As características biológicas, psicológicas e culturais estarão emergindo, se interinfluenciando e determinando nesse processo do aprender a fazer até uma determinada idade, independentemente da vontade e capacidade de reflexão do sujeito aprendente. Ficam mais a mercê dos mestres da vida a que estão sujeitos.

Lembro-me de meu filho Guto, com mais ou menos três anos, quando ia montar castelos, casas e túneis com minúsculas peças de madeira. Ele ia sobrepondo uma a uma conforme o projeto que arquitetava.

Quando acontecia um desmoronamento parcial que comprometia o andamento de sua obra ele se irritava e chutava o restante que permanecia em pé. A retomada era sempre estimulada por Ana Maria, sua babá, por mim ou pela vó Iracy. Por outro lado, Maurício, seu pai, sempre foi um exímio fazedor, tinha uma caixa de ferramentas e incansavelmente consertava aquilo que despencava ou enguiçava no espaço doméstico. Acostumamo-nos e aprendemos o seu jeito de fazer dedicado e cuidadoso sempre que surgiam imprevistos.

Até hoje quando vou à casa de Guto, relembro consertos e mudanças em nossas trajetórias em comum, os quais exigiam diferentes aprendizagens. Muitos sins, muitos nãos. Ao vê-lo carregando sua caixa de ferramentas extremamente organizada, admiro sua paciência no fazer e refazer projetos os mais variados. Claro que nem tudo que se propõe a fazer dá certo. Muitos nãos permeiam sua caminhada. Mas sinto que ele vem sabendo transformá-los em sins, quando possível. E quando isso não ocorre, os nãos têm sido enfrentados, superados ou absorvidos saudavelmente.

Ensinar o não é doloroso quando amamos. Queremos preservar, poupar aqueles dos quais, de uma forma ou de outra, somos mestres na escola da vida e com os quais estamos comprometidos afetivamente, contudo precisamos lembrar que o não faz parte da vida. E que, quando o não surgir, se meu amado aprendiz não souber sobre ele, possivelmente estará desprotegido, frágil, vulnerável. Ele não contará em seu repertório pessoal de experiências com dados que o ajudem a superar a situação difícil e indesejada. Deliberadamente deixamos de permitir que se concretizassem as aprendizagens necessárias para a jornada que se faz inesperada.

Rafaela, minha neta, tinha a voz chorosa, ao contar-me, por telefone, que sua cadelinha Bipa havia sido operada de um tumor, 30 pontos foram necessários para a operação, contou-me ela.

Em seguida, perguntou.

– Vó, você teve animais de estimação?

– Tive, respondi.

– O que era?

– Um cachorrinho, disse eu. Chamava-se Bambi. Era branquinho e muito peludo.

– E o que aconteceu com ele?

Diante da recente notícia da operação da Bipa, respirei fundo e lhe disse:

– Ele morreu.
Até pensei em dizer de outra forma. Como foi penoso declarar esse fato! Sabia que ela estava fazendo outras conexões e divagando sobre o que estava acontecendo com Bipa.
Mas, ela mesma se encarregou de ir adiante e me perguntou.
– Vó, o que você faz quando está triste?
Ela me pediu que a ensinasse o que aprender a fazer com a tristeza. Então eu pude lhe dizer, com amor e sinceridade, como tenho aprendido a lidar com os nãos e as tristezas de meu existir.
Eu lhe disse que, desde pequena, descobri que acontecem muitas coisas diferentes das que eu queria que acontecessem em minha vida. Coisas que me fazem ficar triste. Que não adianta fazer de conta que essas coisas não existem, porque existem. Mas que não existem apenas só essas coisas na minha vida. Então, eu tenho que entender que a minha vida tem coisas, alegres e tristes, que cada dia é um novo dia, que pessoas, animais e objetos entram e saem do meu pedaço, que eu posso fazer projetos e uns podem dar certo, outros não. Para espantar a tristeza, às vezes preciso ficar só, às vezes preciso ficar com a família, com os amigos, às vezes preciso curtir a natureza, o trabalho, fazer hidroginástica, caminhar, ver um bom filme, ler livros sérios ou revistas bobas. Enfim, a gente pode aprender a fazer muitas coisas que dão sentido, gosto, cor e cheiro para cada dia que vivemos. Mas, o mais importante, é descobrir que tudo muda e que podemos nos ajudar, que existe força em nós mesmos, que é proibido desanimar durante o jogo da vida, e que o jogo se renova a cada instante. É preciso estar atento, vivo, participando em todos os momentos que nos são oferecidos.

Foi uma grande oportunidade. Um grande encontro.

De um ponto em diante, o jogo fica muito mais pessoal, cada um consigo mesmo. E nesse campo é necessário também se avaliar até onde é possível, conveniente e dispensável adequar-se ou modificar-se em função de determinadas peculiares desse aprender a fazer lúdico. Carece destrinchar as origens de conceitos que nos são pessoais. Determinados questionamentos, descobertas e mudanças podem aperfeiçoar nossas *performances* e nos ajudar para obtermos melhores resultados. Por exemplo:

- Por que achamos que não temos potencial para aprender a fazer isto ou aquilo?
- Onde aprendemos ou quem nos ensinou sobre essas nossas incapacidades?
- Isso corresponde a um fato concreto?
- Realmente não podemos, não temos condições ou não tentamos, não interagimos com os "issos" e "aquilos" que são objetos de conhecimentos a serem dominados pelo nosso aprender e fazer?

O mundo dos conceitos pessoais é um terreno que comporta diferentes composições – ora é sólido, rígido e irremovível, ora é pantanoso, ora é fértil e aceita a cultura de diversas espécies onde brotam e vicejam novas formas e produtos híbridos, em renovar constante e de forma continuada. Assim, os conceitos pessoais são temporais, têm passado, presente e futuro. Explicarei adiante.

Aprender a fazer e o "pré-conceito"

É intencional. O vocábulo preconceito escreve-se sem o hífen, mas, neste caso, quero destacar a existência do prefixo separadamente da palavra conceito.

Conceito refere-se à formulação de uma ideia por meio de palavras, ou a apreciação, a avaliação ou a opinião relativa a alguma coisa ou a alguém.

Pré refere-se a anterior ao momento em que se concretiza alguma ação ou acontecimento.

Certamente temos, em relação ao aprender a fazer, "pré conceitos", ou seja, apreciações, avaliações ou opiniões anteriormente constituídas e adotadas em relação ao objeto a ser aprendido e ao sujeito que aprende.

Conforme nossas características individuais e historicidade somos dotados de repertórios de aprendizagens particulares. Nesse universo encontram-se aprendizagens que se consubstanciam em conceitos próprios. Esses conceitos anteriores, muitas vezes, definem como adequado, inadequado, bom, mau, bonito, feio, determinados objetos oferecidos para serem conhecidos mediante interação. Como já temos ideias prévias relativas a esses objetos, a depender do tipo dessa ideia prévia, tendemos a acolher, rejeitar ou ficar indiferentes diante da oferta do objeto a ser aprendido. Lembrando mais uma vez Piaget que, sem ação não existe a possibilidade de desenvolvimento, fica evidente o quanto um "pré conceito" pode comprometer o aprender a fazer.

Ao participar de um seminário sobre Estágio, em Niterói, em 1987, com um grupo de professores da Universidade Federal da Bahia constatei uma série de preconceitos bastante interessantes. Ao término de um evento, sugeri que tomássemos um ônibus. Sabia que, em Salvador, todos os meus colegas possuíam automóveis próprios e que o uso de transporte coletivo praticamente inexiste entre os integrantes da classe média alta da capital baiana. Como morei muitos anos na capital fluminense e continuava visitando aquela deliciosa cidade pelo menos uma vez por ano, conhecia as linhas oferecidas e a qualidade dos serviços prestados. A reação da maioria do grupo não foi das mais entusiasmadas, uma das professoras, que contava com uma situação econômica especialmente privilegiada ficou indignada com a ideia. De jeito nenhum; tínhamos que tomar táxis. Expliquei que não seria necessário, o ônibus era bom, tranquilo e prático. Argumento pra lá, argumento pra cá e enfim tomamos o ônibus. A professora que reagiu tão veemente nunca tomara um ônibus urbano em sua vida. Ficou tão nervosa que rodou duas vezes a catraca de entrada, fato que fez com que o cobrador indignado lhe dissesse que teria que pagar duas passagens. Rapidamente outra professora prontificou-se para complementar a quantia e evitar que o cobrador se irritasse ainda mais e que o susto dessa primeira experiência não se transformasse em um trauma existencial para aquela iniciante. É bom lembrar que no Dicionário Baianês, de Nivaldo Lariu, o sinônimo baiano para ônibus urbano é "humilhante".

Imaginem o quanto deve ter sido difícil para aquela professora expor-se a uma situação para aprender a fazer uso de uma condução coletiva, face ao "pré-conceito" relativo a esse meio de transporte.

Em nosso cotidiano podemos identificar uma série de reações pessoais relativas a aprendizagens necessárias para que permaneçamos inteirados e atualizados em um contexto aceleradamente modificado. Insisto que os "pré-conceitos" estão relacionados a cada indivíduo como universo único em características pessoais e historicidade.

É sempre curioso observarmos nossas reações diante de possibilidades e a interação com objetos, pessoas, hábitos e costumes diferentes daqueles com os quais estamos acostumados a conviver. Poderemos constatar intransigências, intolerâncias e reações pessoais que impossibilitam não só a ampliação de nossos domínios de conhecimentos como o estabelecimento de conexões e associações que facilitariam a compreensão de fatos e fenômenos que nos são apresentados.

Temos também "pré conceitos" em relação ao sujeito. De acordo com determinados procedimentos ou iniciativas ele aprenderá e desempenhará desta ou daquela maneira determinadas tarefas.

Padrão de excelência para bife era o da Dilu. Melhor não existia. Rogério sempre disse isto para Marli. Antes do casamento, com a maior boa vontade, a jovem noiva dispõe-se a aprender com a querida avó de seu noivo como se fazia o melhor bife do mundo. Várias aulas, várias experiências. Aprender a fazer bife, eis a questão. Após o casamento, com amor e com carinho, foi feito o primeiro bife servido no almoço para Rogério. Suspense. Veredicto após a prova: não está igual ao da Dilu. Telefonemas para a avó. Nova tentativa. Segundo bife. Nova oferta a Rogério. Suspense. Seu veredicto: não está igual ao da Dilu. Tudo bem. Mais uma vez. Terceiro bife. Outra oferta, ao marido. Suspense. Veredicto. Ainda não foi desta vez, não está bem igual ao que Dilu faz.

No próximo, talvez fique melhor. Dia seguinte. Surpresa. Pequeno pacote, bem embrulhado em papel laminado – o bife. Declaração de Marli, a esposa dedicada para o exigente marido:

– Aí está o seu bife, leve-o para a Dilu fazer para você.

Epílogo: bife feito por Marli para Rogério – nunca mais. Moral da história: jamais espere fazer igual. Cada indivíduo tem um fazer próprio, em ritmo, tempo e estilo pessoal. Inclusive o seu próprio fazer difere de uma para outra ocasião, mesmo tratando-se de uma mesma atividade. Confira em seu repertório se procede ou não essa afirmação.

Aprender a fazer e a discriminação

A discriminação conta, de maneira geral, com uma conotação negativa. Tal atributo, em muitos casos, é justificável e pertinente. Entretanto, considerando-se o princípio da diversidade e de que não existe igual neste mundo, a discriminação é necessária ao processo de ensinar e aprender. Se oferecermos oportunidades semelhantes e dosagens idênticas em procedimentos uniformes a sujeitos basicamente diferentes em suas condições bio-psico-sociais tenderemos a manter ou acentuar as distorções de níveis de desenvolvimento nas mais diversas dimensões humanas e contextuais. Poder-se-ia propor para equiparar as possibilidades de desenvolvimento, oferecer mais para quem tem menos. Costumo dizer que na conjuntura atual, em relação aos níveis de desenvolvimento, considerando-se grupos sociais brasileiros e internacionais, o fosso se torna cada vez mais profundo. Algumas distâncias se acentuam em tal proporção que torna-se difícil prever possibilidades de compensação para que haja equidade em qualquer proposta de desenvolvimento humano.

A diminuição no sentido de distinguir e discernir corresponde a uma ação essencial e prioritária para gerar ações consequentes e adequadas aos quadros configurados.

Lembro-me de uma reportagem apresentada em um programa de televisão sobre irmãos gêmeos que foram abandonados ainda bebês em um orfanato. Um deles foi adotado por um casal suíço e se criou naquele país em condições privilegiadas de moradia, alimentação e educação. O outro permaneceu no orfanato, precário no oferecimento desses mesmos itens. Na época da reportagem foi promovido o reencontro desses jovens, então com aproximadamente 25 anos, e foram projetadas imagens dos *habitats* e contadas as histórias pessoais de cada um deles. O que fora para a Suíça usufruía de todos os recursos considerados desejáveis para um desenvolvimento pleno de potencial humano. Formara-se como engenheiro eletrônico e era o responsável por um departamento vital na estrutura de uma fábrica de sofisticados equipamentos eletrônicos. Falava vários idiomas e demonstrava em suas falas cultura geral e segurança pessoal. Conquistas resultantes de oportunidades especiais de interação com objetos de conhecimento nessas áreas, acompanhados de um contexto favorável à concretização dessas aprendizagens.

O outro irmão, que ficara no orfanato, demonstrava comportamento inseguro, não completara o ensino fundamental, suas falas eram incorretas e não tinha emprego ou qualificações definidos.

Naturalmente que no resultado dessas *performances* muitas variáveis pessoais e contextuais estão envolvidas. Mas, preliminarmente consegue-se vislumbrar que, em princípio, se outras oportunidades e condições favoráveis fossem oferecidas ao irmão que ficou no orfanato também ele teria expandido seus domínios de conhecimentos e avançado em sua escolaridade e qualificação para o trabalho intelectual e técnico.

A covardia sistemática encontra-se nessas cercanias. Potencialmente todo ser humano, em condições favoráveis de ambiente, saúde, alimentação e oferta de oportunidades educacionais pode se desenvolver e dominar diferentes áreas de conhecimento, respeitadas, é claro, as peculiaridades individuais e contextuais.

No caso dos dois irmãos, discriminar, distinguir e discernir as lacunas de conhecimentos dos vínculos relativos a aprendizagem, os "pré-conceitos" relativos a diferentes saberes que conferem identidade ao irmão que ficou no orfanato, podem representar ações indicadas para a formulação de um diagnóstico que permita mapear e indicar ações pontuais para o seu desenvolvimento emocional e cognitivo. Um trabalho com esse jovem deveria basear-se em uma lei "a quem recebeu menos, ofereça-se mais", para compensar as distorções e os vazios que foram se estabelecendo no percurso de sua formação. A retomada, a compensação e a intensificação de ações não garantiriam em absoluto a igualdade de resultados em termos de desempenho caso ele fosse submetido a comparações posteriores a essas ações com desempenhos de seu irmão. A cadeia de construção de conhecimentos seria absolutamente diferente em termos de contextos, tempos, espaços, pré-requisitos e "pré-conceitos". Todavia, possivelmente ele teria grandes chances de avançar e muito em seus domínios de conhecimentos.

A dosagem de oferta de conteúdos e experiências de aprendizagem, quando se parte desse desejo de compensar e dar oportunidades para superar as diferenças, assemelha-se às prescrições médicas quando indicam medicações de acordo com a idade e o peso de seus pacientes. Se exagerar na dose, seus pacientes podem passar mal ou sucumbir. Se as doses forem muito fracas, podem demonstrar-se totalmente inócuas.

Nesse sentido, a discriminação, para aquilo que se pretende ensinar ou aprender, funciona como precioso indicador do que, quanto e quando se deve oferecer como conteúdos, atividades, experiências e oportunidades relacionadas com áreas definidas de conhecimentos.

Frequentemente bem intencionadas, descarregamos todo o nosso cabedal de conhecimentos sobre incautos aprendizes que sucumbem diante de tão avassaladora avalanche de informações. Ou, como aprendizes, nos sentimos incapazes diante dos saberes indecifráveis.

Em ambas as situações faltaram discernimento sobre o terreno em que se queria semear. É preciso avaliar as possibilidades pessoais e adequar as dosagens, os momentos e os espaços.

O que sabe sobre o que desejo ensinar ao meu aprendiz? Como é o seu jeito de fazer algo parecido, ou aquilo que pretendo lhe ensinar? É necessário estabelecer uma conexão entre o meu mundo de saber e o mundo de saber particular do meu parceiro nessa empreitada. Senão seguiremos como paralelos; nunca nos encontraremos.

Por outro lado, se quero aprender, preciso discriminar em que ponto estou em meu saber sobre aquilo que me é oferecido como novidade.

Tenho perguntas? Curioso que quando somos totalmente ignorantes sobre determinados assuntos não temos o que perguntar. Na medida em que vão se instalando as descobertas surgem dúvidas e mais dúvidas.

A discriminação no aprender a fazer pode ser extremamente prejudicial quando toma o rumo da segregação em decorrência de "pré-conceitos". Esses "pré-conceitos" podem ser relativos a nós mesmos e em relação ao outro. São as reservas relativas a credos, raças, gêneros, culturas e esferas sociais e ambientais.

Segregamos determinados saberes que consideramos inadequados à pessoa que somos por considerá-los difíceis, fáceis, desagradáveis, impróprios etc.

Como tarefa de culminância da disciplina Metodologia do Ensino Superior, em cursos de pós-graduação que costumo ministrar, cada aluno deverá dar uma aula sobre um tema que escolha livremente. Surgem temas curiosíssimos que permitem reflexões e discussões muito ricas em função da prática docente. Em uma turma de um desses cursos em convênio UFBA/SENAC, deu-se um fato surpreendente e exatamente instigante.

Ao começar sua aula, o aluno, que seria nessa ocasião o mestre, colocou sobre a mesa do professor uma caixa de papelão. Silenciosamente começou a retirar de dentro da caixa roupas e objetos que foram despertando a curiosidade e garantindo a minha atenção e a dos demais alunos. Primeiro ele retirou da caixa um boné da Polícia Federal e o colocou na cabeça, posteriormente tirou um colete também da Polícia Federal e o vestiu, depois foi tirando os distintivos e os colocando no colete. Tirou em seguida um pente de balas de pistola e colocou-o sobre a mesa. A turma e eu estávamos muito atentos acompanhando seus procedimentos.

Inesperadamente, em uma rápida ação, ele nos deixou atônitos com a rapidez dos antigos filmes de *cowboy*, puxou da caixa uma pistola e a apontou para a turma fazendo movimentos que iam de um canto ao outro da sala. Conseguia abranger a todos com ela. Acredito que tenha sido um dos movimentos mais assustadores que já vivenciei em sala de aula.

A reação da turma foi espantosa. Gente gritando. Alunas se jogando no chão, palavras ofensivas, censuras pela irresponsabilidade da ação. Saídas da sala. Eu fiquei paralisada.

Então o aluno, que era realmente um profissional da Polícia Federal, declarou, fazendo a demonstração correspondente, que a arma estava descarregada. Passou em seguida a dar uma aula sobre armas, assaltos, defesa pessoal, procedimentos indicados em casos de sequestros e assuntos relacionados à violência, à ação policial e comportamentos envolvidos.

O calor e a efervescência das discussões posteriores a essa aula foram intensas, porém, uma das observações que mais se destacou foi a relativa reação do grupo ao objeto de conhecimento. O quanto ele foi rejeitado, discriminado, e o paradoxo dessa conduta em relação à realidade vivenciada no mundo atual onde a violência faz parte do cotidiano. Surgiram exemplos os mais variados de casos de assaltos, sequestros, agressões. Comentou-se sobre o quanto a ignorância sobre o assunto pode trazer consequências fatais, como nos tornamos presas fáceis pelo desconhecimento. A discriminação, como segregação em relação a um determinado tipo de conhecimento se manifesta face aos mais variados temas e áreas de conhecimento. Não sei e tenho raiva de quem sabe. Não vi e não gostei. São ditos populares que integram comportamentos pessoais dos quais não estamos imunes. Basta pensar em nossos posicionamentos no que se refere a determinados grupos sociais, músicas, usos, costumes, músicas, literatura, arte, filmes etc.

Isso acontece também em relação aos aprendizes com os quais precisamos ou queremos trocar figurinhas de saberes e aí somos, por vezes, precipitados e conclusivos. Esbarramos em fronteiras por nós mesmos definidas. De antemão achamos que alguns aprenderão a fazer determinadas tarefas e outros não. Ou não aprenderão. É claro que essas posições discriminatórias não surgem do nada, elas têm uma origem.

Fazem parte de nossos "pré-conceitos" que permanentemente carecem ser atualizados. Contudo, eles nunca o serão se não nos dispusermos a esmiuçá-los, compará-los e confrontá-los com os novos elementos que se fazem presentes pela estrada da vida. Precisamos aprender a fazer uma releitura de nossas posturas discriminatórias. Este aprender a fazer é urgente.

APRENDER A CONVIVER

Roteiros pessoais, culturas, colisões e sintonias

O roteiro pessoal de percursos mentais considerados lógicos e as ações correspondentes na prática são para nós, seguidamente, incompreensíveis ou incompatíveis com os nossos particulares códigos de crenças e valores. Esses códigos e crenças estão intimamente relacionados com as aprendizagens que concretizamos em nossas Escolas da Vida.

Paulo Freire, com muita propriedade, afirma que "todo homem é um fazedor de cultura".[1] Por outro lado, David Hargreaves, com extrema perspicácia, declara: "Quando nos deparamos com uma cultura diferente da nossa a percebemos como extravagante e com frequência como errada".[2]

Isto acontecerá com relação a cada pessoa. E a recíproca será verdadeira. A outra cultura, a outra pessoa, possivelmente perceberá o meu proceder como extravagante ou errado, comparando-o, em determinadas circunstâncias com o que lhes seria indicado como adequado por seus códigos e crenças peculiares.

---

[1] FREIRE, Paulo. *Conscientização*: teoria e prática da libertação: uma introdução ao pensamento de Paulo Freire. Tradução Kátia de Mello e Silva. São Paulo: Cortez & Morales, 1979
[2] HARGREAVES, A. Os professores em tempo de mudança: o trabalho e a cultura dos professores na idade pós-moderna. Lisboa: McGraw-Hill, 1998.

Antonio e Tereza estavam casados a muitos anos. Ele, rude agricultor, aprendera que ao homem eram concedidos todos os direitos próprios de uma cultura machista, dentre os quais ter amantes, tratar grosseiramente a sua mulher, exigir serviços bem feitos, a tempo e a hora, tratar os filhos com superioridade, sem demonstrações afetivas que pudessem comprometer a sua masculinidade, além de todos os requintes dos direitos próprios de um macho verdadeiro, conforme os ditames culturais do seu meio. Assim aprendeu, assim fazia. Tereza, resignada a sua sorte, suportava uma situação aviltante e cumpria sua parte. Cuidava com amor dos filhos, fazia todas as tarefas domésticas com esmero e auxiliava o marido nas lidas da terra e com o gado. Era fiel ao extremo. Vivia para os filhos, o marido e o cumprimento de suas obrigações. Sair de casa era uma raridade. Só com Antonio, para compras mensais, vez que outra a um médico, em caso de extrema necessidade, e alguma reunião na escola dos filhos. Com tudo isto, ainda assim, ele tinha um ciúme doentio dela e desconfiava de sua fidelidade com outros peões ou trabalhadores que ocasionalmente faziam serviços nas propriedades rurais onde moravam. A aceitação de Tereza com sua rotina e o que lhe era oferecido pela vida se justificavam pelo contexto em que sempre vivera. As experiências de sua mãe, de suas tias e na sua comunidade não eram muito diferentes. As mulheres eram consideradas inferiores e deviam servir aos seus homens, sem questionamentos ou lamúrias. Antonio se achava cumpridor de seus deveres. A família tinha teto, comida, roupa e os filhos estudavam na escola da cidade. Quanto a isto não relaxava, nunca lhes faltou nada, segundo ele. Era um homem honrado e trabalhador. Para os de fora, como nenhum deles comentava nada sobre as intimidades familiares, a impressão que causavam era a de uma família integrada e feliz.

Não era exatamente isso que ocorria internamente. As brigas se sucediam, especialmente quando, depois das farras na cidade, Antonio chegava embriagado e valente. Os filhos começaram a interferir, a apresentar outros argumentos para a condução da rotina familiar. A cultura machista dominante de Antonio começava a ser ameaçada com outras culturas peculiares às Escolas da Vida de seus filhos. E ele não queria acordo. A sua fórmula era a certa e eles todos teriam que obedecê-lo. Quando já eram 5 os filhos e o mais novo estava com 10 anos, Tereza apareceu grávida. Ela beirava os 50 anos e ele também, pois era um ano mais novo que ela. A desconfiança o deixou transtornado. Naquela época trabalhava com eles um carpinteiro. Um pobre infeliz. Ficava no seu canto a trabalhar. Levava sua marmita que aquecia em um fogo de chão e a ninguém incomodava. Não dirigia a palavra a ninguém, se não fosse solicitado. Pois, nesse próximo consubstanciou-se a insegurança e a dúvida de Antônio. Seria a criança por nascer filha do carpinteiro, perguntava-se ele? A figura de Otelo, personagem de Shakespeare, corroída pelo ciúme, corresponderia ao estado de tormento em que entrou Antonio. A dúvida se potencializava quando bebia. Aí todos padeciam, quando do seu regresso para casa. Violento, acusava, amaldiçoava e vociferava contra todos. Por sete anos durou este estado de coisas.

Na Escola da Vida de Tereza muitos outros conhecimentos foram sendo aprendidos. Seus filhos transformaram-se em seus mestres e atualizadores. Conforme iam concluindo os estudos deslocavam-se para empregos em outros locais e foram bem sucedidos. Ela não se conformava mais com aquela situação constrangedora, mas continuava aguentando firme em seu posto, cumprindo a risca o seu dever de esposa. Até que, com o surgimento dos exames de DNA para a confirmação de paternidade, Antonio obrigou-a a se submeter, junto com a filha mais nova, a um teste dessa natureza. O resultado do teste foi o que não poderia deixar de ser: 99,99% das possibilidades de paternidade atribuídas a Antonio. Para Tereza, maior agressão à sua integridade não poderia haver. Fidelidade era para ela, em seu particular código de crenças, um valor incondicional e inquestionável. Submetê-la a uma humilhação deste tipo superou todos os ranços e mágoas acumuladas por anos e anos. Sentiu-se desonrada perante a comunidade. Para este acontecimento, qualquer tipo de acordo para convivência sob o mesmo teto tornou-se inviável. Tudo poderia ser suportado e até alcançar perdão. Isto não. Nem na agonia da morte ela concederia misericórdia para este ato que a destroçou. Com os filhos que ainda estavam com eles declarou que não mais viveriam com Antonio e se mudariam para morar próximo dos filhos mais velhos, que já se encontravam estabelecidos noutra cidade. Se quisesse, ele poderia ir também. Contudo, entre eles estavam rompidos os laços do matrimônio.

Curioso aquele macho destemido, depois de consumada a separação com Tereza, desestruturou-se por inteiro. Alternava períodos de declarações de vingança, com choro convulsivo, repetições e causativas, bebedeiras, inconformações, arroubos de valentia, rebeldias e pensamentos mórbidos. Um caos de instabilidade e insegurança. Acabou-se o homem.

Os amigos, filhos e familiares lhe deram apoio, pois sabiam-no um homem responsável no trabalho, honesto, solidário, prestativo, preocupado com a criação dos filhos e batalhador pela família, à sua maneira. Comovia a todos por sua fragilidade. Dentre muitas, uma sugestão lhe foi dada: Quem sabe se pedisse desculpas a Tereza? A resposta veio pronta, de imediato: – Ah, mas aí não dá. Pedir desculpas é se rebaixar. E é duro pedir desculpas, quando se está certo em tudo.

A convicção nesta resposta é plena. Antônio realmente se acha certo em tudo. Ele inclusive esclarece o porquê. Ela ficou sentida com o exame de DNA. Mas, se um homem tem dúvida de sua mulher, tem o direito de esclarecer.

E daí?

Daí chega-se a constatação dos percursos mentais de uma lógica pessoal eivada de valores culturais peculiares a um contexto.

Se não houver disponibilidades pessoais de concessões, revisões de posições de parte a parte, inevitavelmente ocorrerão colisões, choques, conflitos, guerras e separações.

Muitos não poderão entender o sentido que desejo enfatizar na palavra sintonia. Não poderão porque não viveram a experiência que vou contar a seguir. Já nasceram na era digital.

Quando eu era pequena minha avó Olívia tinha um rádio que era símbolo de *status* e modernidade. O rádio dispunha de um painel numerado e de um ponteiro móvel. Para que se obtivesse um som límpido e se ouvissem as músicas ou mensagens com nitidez, era necessário ajustar exatamente o ponteiro do aparelho ao número correspondente no painel da emissora a ser ouvida. Com este ajuste perfeito se dava a sintonia. Caso não ocorresse a sintonia, o zumbido era mais ou menos intenso, constante, desconfortável e enervante.

Tecnicamente, a sintonia a que me refiro é assim definida:

condição de um circuito cuja frequência de oscilação é igual a de um outro circuito ou a de um campo oscilante externo.

No ato de conviver, ou seja, viver com, em consequência dos roteiros pessoais de percursos mentais considerados lógicos, a sintonia torna-se uma exigência básica. Se isso não acontecer, os zumbidos desconfortáveis e enervantes serão inevitáveis. Não haverá clareza nas comunicações, elas estarão mais ou menos comprometidas por vícios de origem. Isso ocasionará incompreensões e desentendimentos de parte a parte.

No sentido figurativo, sintonia é definida como um acordo mútuo onde ocorre harmonia e reciprocidade. Já no sentido psicológico representa o estado de quem se encontra em correspondência ou harmonia com o meio.

Assim sendo, pode-se afirmar que em determinadas circunstâncias a sintonia entre pessoas e grupos sociais torna-se impossível. Impossível porque os roteiros, os percursos, as referências pessoais, sociais resultantes das individualidades e de sua frequência em diferentes Escolas de Vida são incompatíveis. As linguagens são divergentes. Não existem pontos em comum que permitam a conexão. Registram-se ao longo dessas existências aprendizagens cristalizadas e irreversíveis. O que foi aprendido torna-se fato consumado. As partes envolvidas não querem ou não podem exercitar a propriedade da reversibilidade que é inerente à aprendizagem.

Assim como é impossível essa sintonia entre Antonio e Tereza, o mesmo ocorre entre muitos pais e filhos, irmãos e irmãs, colegas de trabalho, políticos, comunidades, estados e nações em relação a pontos específicos contidos no exercício de conviver.

Daí surge a necessidade de arbitragem, de códigos, de definições de normas em âmbito familiar, comunitário, estatal e internacional.

Mais uma vez encontra-se aí um paradoxo, porque qualquer que seja a arbitragem ou os códigos ou as normas, elas resultam de referências pessoais ou coletivas que têm como parâmetro crenças e valores relativos a certas pessoas ou grupos majoritários ou dominantes em determinados contextos ou tempos históricos os quais fazem vingar seus posicionamentos.

A história pode nos demonstrar com clareza ao que desejo me referir. Por exemplo, hoje consideramos uma aberração a escravidão. Nos indigna pensar que, como nação, já tivemos aceita socialmente essa prática tão vergonhosa. Entretanto, ela fazia parte da vida de pessoas consideradas equilibradas, dignas e até bondosas. Era vista como algo natural.

Leon Tolstói, nos diz magistralmente: "Fale de sua aldeia e estará falando do mundo". Antonio vê como natural a subserviência da sua mulher. Os terroristas vêem como natural, matar inocentes em função de suas causas. A maioria de nós, apenas com diferenças pontuais, vimos como natural muitos exemplos de desigualdades sociais.

Os códigos de convivência, em todos os âmbitos que se pense, em termos de idéias, tempo, espaço carecem de ajustes e modificações contínuas. São as atualizações permanentes. Mas, para que isso ocorra, a sintonia se apresenta como pré-requisito. Por isso, ambas as partes precisam estar imbuídas da certeza de que a outra pessoa, ou o outro grupo, inevitavelmente são diferentes. Eles podem ser mais ou menos semelhantes em aspectos essenciais. Contudo, nunca iguais.

APRENDER A SER
CAPÍTULO EM ABERTO

No livro "O Encontro Marcado", Fernando Sabino[1] nos brinda com o seguinte poema:

"De tudo ficaram três coisas...
A certeza de que estamos começando...
A certeza de que é preciso continuar...
A certeza de que podemos ser interrompidos antes de terminar...
Façamos da interrupção um caminho novo...
Da queda, um passo de dança...
Do medo, uma escada...
Do sonho, uma ponte...
Da procura, um encontro!"

Minha mãe faleceu em um acidente grave de trânsito, e esse foi o texto que me veio à mente e que incluímos no Santinho que entregamos aos amigos em sua missa de 7º dia, pois de tudo ficam mesmo três coisas, entre elas "A certeza de que podemos ser interrompidos antes de terminar...".

Ao reler o livro de minha mãe neste processo de sua publicação, deparei-me com uma passagem escrita na página 110 em que ela diz o seguinte: "Então é preciso aprender a

---

[1] SABINO, Fernando. *O encontro marcado*. Rio de Janeiro: Civilização Brasileira, 1967.

conviver em determinados casos com a perda, pois a morte e o não existem".

Então, caro leitor (forma carinhosa como minha mãe tratava cada um de vocês e que aqui peço licença e pego emprestada), tal como Fernando Sabino e sabiamente minha amada mãe nos ensinaram nas passagens citadas, na vida existem sins e nãos e "[...] o mais importante é descobrir que tudo muda e que podemos nos ajudar, que existe força em nós mesmos, que é proibido desanimar durante o jogo da vida, e que o jogo se renova a cada instante. É preciso estar atento, vivo, participando em todos os momentos que nos são oferecidos". Tudo muda e é preciso seguir o fluxo da vida.

A vida de minha mãe mudou naquele 9 de outubro de 2004 e, apesar deste não, ela deixou muitos "sins". Um deles foi esta obra inacabada e que, na sua incompletude, nos permite aprender que não podemos desanimar na Escola da Vida, que devemos seguir e que, exatamente por sermos incompletos, podemos constantemente fazer, desfazer e refazer, aprendendo a aprender, fazer, conviver e ser neste jogo da vida que se renova a cada instante.

Fica aqui o convite para que você, caro leitor, aproveite este espaço e siga escrevendo o seu capítulo "Aprender a ser" no tempo que lhe for concedido viver.

Este livro foi editado em janeiro de 2020
pela Solisluna Design Editora, na Bahia.
Impresso em papel pólen bold 90 g/m^2
na Gráfica Viena, em São Paulo.